元宇宙商业变革

张洁◎著

METAVERSE

BUSINESS CHANGE

中国科学技术出版社

·北京·

图书在版编目（CIP）数据

元宇宙商业变革 / 张洁著 . — 北京：中国科学技术出版社，2023.5

ISBN 978-7-5046-9968-8

Ⅰ . ①元… Ⅱ . ①张… Ⅲ . ①信息经济 Ⅳ . ① F49

中国国家版本馆 CIP 数据核字（2023）第 031626 号

策划编辑	杜凡如　王碧玉
责任编辑	庞冰心
版式设计	蚂蚁设计
封面设计	创研社
责任校对	邓雪梅
责任印制	李晓霖

出　　版	中国科学技术出版社
发　　行	中国科学技术出版社有限公司发行部
地　　址	北京市海淀区中关村南大街 16 号
邮　　编	100081
发行电话	010-62173865
传　　真	010-62173081
网　　址	http://www.cspbooks.com.cn

开　　本	880mm × 1230mm　1/32
字　　数	149 千字
印　　张	8.25
版　　次	2023 年 5 月第 1 版
印　　次	2023 年 5 月第 1 次印刷
印　　刷	北京盛通印刷股份有限公司
书　　号	ISBN 978-7-5046-9968-8/F · 1093
定　　价	79.00 元

前言

当元宇宙的概念于科幻小说《雪崩》中提出时，并没有引起轰动，那时人们并没有意识到这一概念会指引互联网发展的方向。而到了2021年，元宇宙爆火于互联网行业和资本圈，成为人们关注的行业焦点。

沙盒游戏公司罗布乐思（Roblox）首次将元宇宙概念写进招股书，从而将元宇宙拉进了大众视野；科技巨头脸书（Facebook）更名为“元宇宙”（Meta），向元宇宙公司转型；微软宣布将调整软件产品，搭建一个企业版的元宇宙。我国的科技巨头也闻风而动，腾讯、百度、字节跳动等公司均通过投资或自研等方式，抢夺元宇宙的入场券。

元宇宙于当下爆发并不是偶然现象。移动互联网发展到现在，红利期已逐渐消退，需要新入口打开新的增长空间。而当前区块链、扩展现实（XR）、第五代移动通信技术（5G）

等先进技术的突破和应用，为搭建元宇宙生态提供了必要的技术基础。这些都推动着元宇宙从概念走向落地。

新技术的产生、互联网的变革将开启新的时代。在这一浪潮下，只有抓住机遇、顺势发展，企业才能够弯道超车，实现飞跃式发展。很多企业看到了元宇宙领域存在的机遇，却苦于无法入局。针对这个问题，本书以元宇宙为中心进行论述，详细讲解元宇宙的理论与应用。

首先，本书从概念、技术、产业、市场、虚拟数字人这些方面对元宇宙进行了不同角度的讲解，以便读者对元宇宙形成一个完整的认知。其次，本书从游戏、社交、教育、办公、营销、交易这些方面讲解了元宇宙的主要落地领域和在各领域的应用情况。最后，本书对元宇宙的未来进行了展望，提出元宇宙的发展将极大地变革人与社会的关系，变革人们当前的生活模式。

本书在讲述元宇宙相关理论与应用的过程中，融入了大量实践案例，包括 Meta、腾讯等互联网巨头在元宇宙领域的布局，元宇宙应用各领域相关企业的动作等。这不仅丰富了书中内容，也使得其内容更具指导意义。无论读者想带领企业进行元宇宙方面的转型，还是要进行元宇宙相关创业，都可以从本书中找到合适的方法。

目录

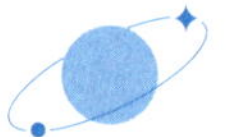

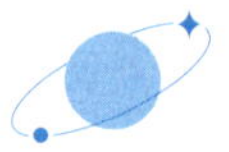

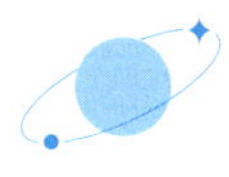

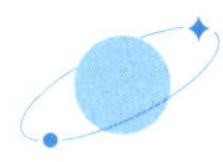

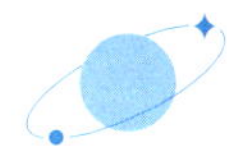

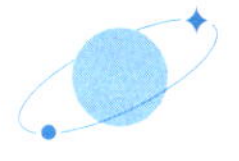

第一章

元宇宙：互联网发展的新方向

互联网自诞生以来，其发展经历了数次变革。在经历过终端设备互联进入移动互联网的发展阶段后，互联网的发展渐渐陷入瓶颈期，亟需新的发展机会打开新的发展空间。而元宇宙为互联网的发展指明了方向，将打开新的增量空间，并深刻变革人们的生活。

一

概念梳理：元宇宙因何而起

2021 年，横空出世的元宇宙概念火遍全网，成功入选 2021 年度十大热词。究竟什么是元宇宙？要想深入探究元宇宙，我们需要了解其概念起源、主要特征和核心架构。

✦ 概念起源：从科幻小说走进现实

元宇宙是“Metaverse”的译称，由“meta”（超越）和“universe”（宇宙）两个单词组成。这一概念来源于美国科幻作家尼尔·斯蒂芬森的小说《雪崩》。在小说中，尼尔·斯蒂芬森描述了一个体系崩溃的未来世界，人们为了获得更好的生活体验纷纷借助虚拟现实（Virtual Reality，VR）设备和“虚拟分身”（Avatar）进入一个丰富多彩的虚拟世界，而这个虚拟世界就是元宇宙。《雪崩》中这样描述元宇宙：“戴上耳机和目镜，找到连接终端，就能够以虚拟分身的方式进入由计算机模拟的、与真实世界平行的虚拟空间。”

在此之后，电影《头号玩家》直接展示出了元宇宙中的场景，向观众呈现了一个令人神往的世界。电影中，人们戴上VR眼镜就可以进入一个和现实世界完全不同的、被称为“绿洲”的虚拟世界。这里有繁华的都市、完善的经济体系，人们可以在这里成为任何人、做任何事情。即使是现实生活中身处低谷的失败者，也可以在虚拟世界中获得成功。

而《头号玩家》的原著小说《玩家一号》则对元宇宙进行了更加全面的描述。现实世界中的娱乐、工作、教育、医疗以及所有的社会关系都能够在“绿洲”中实现。除了需要在现实世界中注射营养液之外，人们可以将几乎全部的时间用在“绿洲”里。

而后，2021年3月，沙盒游戏公司Roblox头顶“元宇宙第一股”的标签于纽约证券交易所上市，也将元宇宙这一概念从科幻拉进了现实。Roblox旗下有世界上最大的多人在线游戏创作平台，同时，其还提供Roblox Studio工具集和Roblox云服务，前者为用户提供创作工具，后者为用户提供实时响应和个性化数据分析服务。基于此，Roblox提供了一个可供用户体验和创造的虚拟空间，产生了大量由用户创作的游戏。Roblox 2022年第一季度财报显示，2022年1月，Roblox日活跃用户达5470万人，游戏时间达到420亿小时。

在获得初步发展后，Roblox 将元宇宙这一概念写进了招股书。其在招股书中写道：“有些人将我们（公司）的类别称为‘Metaverse’，该术语通常用于描述虚拟世界中持久的、共享的三维（3D）虚拟空间的概念……随着功能越来越强大的计算设备、云计算和高带宽互联网连接的出现，Metaverse 的概念正在逐渐成为现实。”借此概念，Roblox 的市值一飞冲天。上市之前，其估值约为 300 亿美元，而在上市首日收盘后，其市值突破 400 亿美元。此后，Roblox 的市值也一路上涨，成为资本市场炙手可热的“香饽饽”。

沙盒游戏公司 Roblox 的成功让越来越多人开始关注元宇宙这一概念，元宇宙也得以在“沉睡”近 30 年后翻红。

在《雪崩》一书中，元宇宙是一个平行于现实世界的虚拟世界，而当前，在互联网语境下，元宇宙展现出了三维化互联网的未来发展图景。元宇宙是基于多种技术产生的新型互联网应用，其基于网络通信、人工智能（AI）等技术实现虚拟化身与人类的虚实共生；基于区块链、NFT（Non-Fungible Token，非同质化代币）等技术实现经济增值性。在虚实交互，存在完善社交系统、经济系统的元宇宙中，用户可以自由体验、创造并获得收益。

虽然元宇宙已经展现出雏形，但受限于当前的技术水平，距离元宇宙最终成熟，我们还有很长的路要走。随着各种技术的迭代和融合应用，元宇宙生态也将逐步走向成熟，最终将支持用户在其中进行体验、创造，甚至生活。

✦ 特征拆解：元宇宙的四大特征

元宇宙将在未来形成一个虚实交融的超级数字生态，成为人类新的栖息地。其主要具有以下四大特征，如图 1-1 所示。

图 1-1　元宇宙的四大特征

1. 提供沉浸式体验

元宇宙具有的一个十分明显的特征就是能够为用户提供沉浸式体验。这改变了传统意义上用户与虚拟世界隔着屏幕互动的互动方式，赋予了用户更多自由，给用户带来了更优质的体验。

借助 AR(Augmented Reality，增强现实)、VR 等虚拟技术，元宇宙的沉浸感不断加深。人们既可以借助虚拟化身进入虚拟世界实现沉浸式虚实交互，也可以在虚拟与现实叠加的场景中感受更多真实感。在元宇宙中，娱乐、社交、办公等诸多活动都可以从线下转移到线上，给用户带来全方位的沉浸式体验。

2. 具有开放性

元宇宙是开放的，支持海量用户进入其中并进行创造。随着元宇宙生态不断丰富，会有更多用户加入。在这种情况下，元宇宙能够形成不断发展的正循环，实现自发生长。

当前，市场中的元宇宙平台在开放性方面还存在很大的发展空间。一方面，元宇宙平台的承载能力有限，一旦登录用户达到上限，平台就可能会崩溃。另一方面，各元宇宙平台间并不是开放的，用户不能用同一个虚拟身份登录不同的平台。而在成熟的元宇宙生态中，以上两方面的开放性将得到无限扩展，元宇宙将支持世界范围内的海量用户进入。同时，不同平台间的壁垒也将被打破，真正实现各平台的开放、互联。

3. 提供虚拟身份

元宇宙能够为用户提供虚拟身份，支持用户通过虚拟身份开展各种活动。当前，在虚拟世界中，用户已经可以借助虚拟身份进行娱乐、社交等各种活动，而在成熟的元宇宙中，用户能够以统一的虚拟身份登录不同的平台，实现数字身份数据的整合。在不同的监管模式下，用户虚拟身份背后的真实身份可以是实名的，也可以是匿名的。

4. 具有新的经济体系

元宇宙中存在完善的、新的经济体系。现实世界中的经济体系是中心化的，银行、律师事务所等机构为人们之间的交易提供背书。而在元宇宙中，基于区块链技术的支持，其形成的是一种去中心化的经济体系。元宇宙中没有中心化的金融机构，交易双方可以直接在区块链智能合约的规范下进行交易，交易的公平与公正能够得到保障。

同时，基于 NFT 对数字内容的确权，用户可以将创作的数字内容转化为数字资产，也可以通过交易获得收益。此外，基于元宇宙经济体系与现实经济体系的连通，用户也可以将元宇宙中的虚拟资产转化为现实世界中的资产。

✦ 核心架构：多层要素搭建完善生态

虽然很多科幻电影都对未来的虚拟世界进行了描绘，但这并不是元宇宙的全貌。作为连接虚拟与现实的超级数字生态，元宇宙由 7 层基本要素构成，如表 1-1 所示。

表 1-1　元宇宙 7 层基本要素

元宇宙层次	基本要素
第 1 层：体验层	包括游戏、社交、观影、购物等
第 2 层：发现层	包括广告网络、内容分发、应用商店等

续表

元宇宙层次	基本要素
第 3 层：创作者经济层	包括设计工具、资产市场、商业等
第 4 层：空间计算层	包括 3D 引擎、XR 软件、地理空间映射技术等
第 5 层：去中心化层	包括区块链、边缘计算、微服务等
第 6 层：人机界面层	包括移动设备、可穿戴设备、声音识别系统等
第 7 层：基础设施层	包括第 5 代、第 6 代移动通信技术（5G、6G）等网络基础设施

体验层着眼于为用户提供真实、多样的体验。元宇宙能够实现空间、距离和物体的“非物质化”，这意味着现实中无法实现的体验将变得触手可及。例如，当前玩家在游戏中竞技对战时，主要是通过游戏的方位键和技能键进行操作，虽然能够带来一定的刺激体验，但仍有很大的提升空间。而在元宇宙中，人们能够以虚拟化身进入游戏世界，自由地和对手进行搏击战斗，同时，借助各种传感系统，人们甚至能够感受到对战中产生的疼痛感。这一切都能够带给人们更真实的游戏体验。而元宇宙中的这种真实体验并不局限于游戏领域，在进行社交、教育、体育等其他方面的活动时，人们一样可以获得更真实的体验。

在体验层，很多企业都做出了尝试，为用户提供一种元宇宙体验。例如，2021 年 4 月，世纪华通旗下的点点互动推出了元宇宙游戏《闪耀小镇》（*Live Topia*），并在 Roblox 平台上线。5 个月之后，游戏的累计访问次数突破 6.2 亿次，月活跃用户超过 4000 万。

作为一款开放式角色扮演游戏,《闪耀小镇》为玩家提供了一个丰富多彩的虚拟世界，玩家可以在游戏世界里扮演自己喜欢的角色，体验不同的生活方式并创造属于自己的故事。《闪耀小镇》中有完善的城市系统，包括地铁、机场、公路、公园等，以便玩家以多样的身份更加真实地体验虚拟世界中的生活。同时，玩家还可以拥有一块属于自己的区域，并在其中建造房子。

发现层聚焦于将人们吸引到元宇宙中来的方式，主要分为主动发现和被动发现两种方式。其中，主动发现即用户自发寻找，主要通过应用商店、内容分发、搜索引擎等途径实现。被动发现即在用户无需求的情况下通过主动推广吸引用户，主要途径包括显示广告、群发型广告、信息通知等。

创作者经济层中包含创作者用来创作各种体验的所有技术。在创作工具复杂、创作流程烦琐和创作成本高的初级阶段，创作者创作出的内容较少，也难以通过创作获得更多收入。而随着创作工具的升级和简化，创作的难度和时间成本不断降低，更多的人会参与到元宇宙创作中来，最终推动元宇宙内容的繁荣。

以 Roblox 为例，Roblox 不仅为用户提供创作工具，还有一套完善的经济系统，为创作者经济的实现提供了基础。平台中有通用的虚拟货币 Robux，用户可以通过创作新游戏或游戏道具等获得 Robux，同时将其兑换为现实中的货币。

空间计算层能够实现虚拟计算，实现现实世界和虚拟世界间的连接。在空间计算技术的支持下，人们能够进入虚拟空间并进行各种操作，同时能够实现虚拟场景在现实世界中的展示。在关键的软件方面，其包括显示立体场景和人物的 3D 引擎、连接虚拟和现实的 XR 软件、映射和解释虚拟世界与现实世界的地理空间映射技术等。

去中心化层则显示了元宇宙的核心结构。和当前许多中心化的平台不同，元宇宙是由许许多多的个体控制的。在这里，用户可以加密保存自己的个人数据，不被其他主体收集和使用。创作者也可以拥有自己所创作作品的所有权。

在人机界面层，各种设备将助力人机交互，使人们在元宇宙中的体验更加真实、行动更加自由。目前，已经出现了 AR 眼镜、VR 头戴式显示设备（以下简称“头显”）、智能传感手套等设备。未来，这些设备会朝着多样化、轻量化的方向发展。同时，在技术的发展下，更轻量的可穿戴设备、可印于皮肤上的微型传感器甚至消费级神经接口都会出现。

基础设施层包括将各种设备连接在一起并提供内容的技术。5G 网络可以提供更高的速度、更大的带宽和更低的时延，而 6G 则能够在 5G 的基础上进一步优化，提供更稳定、更智能的网络。在此基础上，更高性能和更小型化的硬件，如微型半导体、微机电系统等得以出现。

元宇宙新场景创造新体验

元宇宙的出现将极大地变革人们的生活。娱乐场景、社交场景、消费场景等都可以从现实世界迁移至虚拟世界，而人们可以以虚拟化身自由地在其中探索，获得真实、沉浸的新奇体验。

✦ 娱乐：足不出户体验丰富娱乐场景

元宇宙为人们提供了一个广阔的虚拟空间，人们可以在其中获得丰富的、现实世界中难以实现的娱乐体验。并且，这种娱乐体验具备高沉浸度、自由度和拟真度。

当前，已经有很多公司在元宇宙娱乐方面进行了探索，通过创新娱乐形式，带给人们一种“类元宇宙”的体验。例如，游戏开发商英佩游戏（Epic Games）就在其产品《堡垒之夜》中融入了许多元宇宙元素。

《堡垒之夜》是一款定位为“动作”“射击”的多人游戏，

同时具备一定的创造性。玩家可以在游戏中为了成为最后的幸存者而战斗，也可以在其中创造自己梦想的虚拟世界。同时，玩家在游戏中拥有虚拟身份，可以与其他玩家社交互动，获得沉浸式的游戏体验。这些都让《堡垒之夜》有了一定的元宇宙基因。

为了丰富游戏中的内容,《堡垒之夜》和复仇者联盟、漫威等多个知识产权（Intellectual Propert，IP）联动，将电影中的诸多精彩人物形象引入了游戏中；和诸多明星联动，在游戏中举办沉浸式演唱会；和《星球大战 9：天行者崛起》电影联动，在游戏中为玩家播放电影独家片段。

除了自身提供丰富的内容外,《堡垒之夜》还允许玩家进行创作，丰富游戏内容。《堡垒之夜》的某玩家就利用游戏中的创作工具搭建了一座赛博朋克城。在游戏厂商与玩家的双重发力下,《堡垒之夜》中的娱乐生态也更加丰富。

未来，随着元宇宙的逐步发展，其会承载更多的娱乐形式，甚至产生全新的娱乐形式。当前现实世界中所有的娱乐形式都可以搬到元宇宙中，并且，借助各种创作工具，更多的人能够参与到娱乐内容创作中来。

例如，如果想要在元宇宙中创作一款游戏，我们可以自由设计游戏中的非玩家角色（NPC）、游戏脚本和道具等，也可以邀请其他玩家体验游戏或者创作。再如，如果想要创作一部元宇宙电影，我们可以设计一切的人物、道具、场景等，甚至可以代入其中的角色，体验不一样的人生。元宇宙中蕴藏着无限的可能性，也将提供巨大的娱乐价值。

✦ 社交：社交场景更加沉浸

在社交方面，元宇宙能够带给人们高度沉浸的社交体验，并提供丰富的社交场景。社交的沉浸感来源于两个方面。一方面，借助 VR 设备和各种交互设备，人们能够以虚拟化身进入一个自由的社交空间，可以如同在现实生活中一般和其他人实时沟通交流，共同参加各种社交活动。另一方面，元宇宙能够提供给人们一个无比接近真实的社交空间，如咖啡店、博物馆等社交场所。人们可以约朋友在这些场所中聊天、看展览，也可以举办商务会议、生日聚会等。

此外，在元宇宙中，虚拟化的形象能够淡化现实中的各种社交障碍，带给人们更好的社交体验。现实生活中，人们的外貌、社会地位以及人与人地理上的距离等都会成为人们社交的障碍，而元宇宙中的社交能够淡化这种障碍。在元宇宙中，人们能够自定义自身形象，同时打破地域限制的社交也能够让人们遇到更多朋友。在这个自由的社交空间里，人们可以自由展示自己的兴趣爱好，也能够因此认识更多的新朋友。

当前，在社交方面，有不少平台都在试图创造一个接近元宇宙的社交场景。其中十分具有代表性的一个应用就是VRChat。VRChat 是一款 VR 社交软件，为用户提供多样的社交空间。

借助 VR 设备进入 VRChat 后，用户首先需要定制自己的虚拟形象。VRChat 里有丰富的素材供用户选择，用户可以成为一个机械人、一个长着小耳朵和尾巴的精灵等。

VRChat 中有许许多多的聊天室，用户可以随意加入一个聊天室或者创建一个聊天室，和来自世界各地的人交流。同时，VRChat 中有多样的社交场景，用户可以在酒吧中寻找“酒友”、和其他用户一起看动画片。甚至，借助全身追踪设备，用户还可以在 VRChat 中斗舞。

基于自定义的虚拟身份、丰富的沉浸式社交体验，VRChat 圈粉[①]无数，并在用户的创造中产生了多样的社交玩法。而这仅仅是对元宇宙社交的一种模拟，未来，随着元宇宙的发展，更多的社交形式会实现，也会有更多的线下社交复刻到元宇宙中。

---

① 网络流行语，指通过各种方式扩大自己在社交网络上的粉丝群。——编者注

✦ 消费：虚拟场景 + 虚拟商品

当前，很多线下购物场景都搬到了线上，给人们的生活带来了便利。而在消费方面，元宇宙能够颠覆当下的消费场景和消费方式，带给人们全新的消费体验。

元宇宙将实现沉浸式消费场景。在其中，人们可以自由穿梭于各大卖场和展会，不仅能够全方位观察商品的全貌，还可以真实感受商品的质感，甚至可以通过“一键换装”的方式将刚刚买到的衣服“穿”到自己身上。此外，借助虚拟和现实的连接，人们在元宇宙中购买的商品也可以以实物的形式快递到现实中的地址。

当前，在沉浸式消费体验方面，已经有一些企业做出了尝试。例如，位于美国拉斯维加斯的“15 区”（Area15）成功打造了一个沉浸式消费的场所。Area15 作为一个“完全重塑的世界”，包括各种沉浸式体验场所、餐厅、酒吧等。在这里，人们可以欣赏诸多 3D 艺术作品、在枫树下喝酒聊天、逛各种风味小吃店。整个空间就像一个沉浸式集市。

Area15 除了有沉浸式消费场所外，虚拟商品也层出不穷。例如，奢侈品品牌古驰（Gucci）与虚拟形象科技公司 Genies 合作，在 Genies 手机软件（App）中上线了上百套服饰以供用户挑选。此外，古驰还在 Roblox 中推出了一款虚拟潮鞋，人们可以购买这款鞋，然后以虚拟形象在 Roblox 中试穿，并将图片发布到其他社交平台上。

这些虚拟产品受到了诸多消费者，尤其是 Z 世代的喜爱与支持。Z 世代指的是 1995 年到 2009 年间出生的人群。作为互联网的原住民，Z 世代享受着数字化和社会发展带来的红利，具有开阔的眼界和强烈的自我意识。同时，伴随着移动互联网、手机游戏（以下简称“手游”）、动漫成长起来的 Z 世代更习惯社交、娱乐方面的虚拟消费。他们热衷沉浸式体验，喜欢遨游在奇幻的虚拟世界中，并愿意为自己热爱的虚拟偶像和虚拟商品买单。

此外，Z 世代也展现出了巨大的消费潜力。北京贵士信息科技有限公司（QuestMobile）数据显示，截至 2020 年 11 月，中国 Z 世代活跃用户规模达到 3.2 亿，占移动网民的 28.1%；其中，一、二线城市占比约 45%，线上消费能力和意愿远高于其他年龄段的人群。

元宇宙所能提供的消费体验和 Z 世代的消费需求十分相符。元宇宙所能够提供的沉浸式消费体验更能满足 Z 世代的虚拟消费需求。同时，借助 Z 世代强大的消费能力，虚拟消费和虚拟经济也将不断发展，从而推动元宇宙经济体系的形成。

移动互联网 vs 元宇宙

移动互联网与元宇宙的关系密不可分。一方面，移动互联网长久的数字化发展为元宇宙的发展奠定了基础；另一方面，元宇宙的发展将加速移动互联网向元宇宙的转化，催生新的数字文明。

✦ 社会数字化发展孕育元宇宙

2021 年，清华大学新媒体研究中心发布了《2020—2021 元宇宙发展研究报告》，其中指出："2020 年是人类社会虚拟化的临界点，为 2021 年成为元宇宙元年做了铺垫。一方面，新冠疫情加速了社会虚拟化，在新冠疫情防控措施下，全社会上网时长大幅增长，'宅经济'快速发展；另一方面，线上生活由原先短时期的例外状态成为常态，由现实世界的补充变成了与现实世界平行的世界，人类现实生活开始大规模向虚拟世界迁移，人类成为生活在现实世界与数字世界的'两栖物种’。”

多行业的数字化发展，为元宇宙的整体形成打下了坚实的基础。在智慧城市智能管理中，数字孪生技术可以生成城市数字模型，实时反馈城市运行状态，监测并管理城市，对突发事件进行快速决策。

在工业领域，物联网技术可以构建三维可视化制造工厂，负责人无须到实地，就可以安排生产任务，检查机器设备运营状态，真正实现无人化生产。

在影视制作方面，观众逐渐从观看者变为参与者，在体验内容的同时也创作内容，通过开放的用户生成内容（UGC）平台，参与剧本创作、视频制作等。此外，在拍摄制作环节，开始出现智能摄制模式，部分片段可在虚拟世界中独立制作，突破时空的限制。

在文化艺术方面，NFT凭借其不可替代性可使虚拟物品资产化，结合数字货币和NFT交易平台，能更好地实现虚拟物品的确权、交易、流通等功能。而这将极大地激励创作者，让更多人为元宇宙贡献优质的原创内容。

在虚拟数字人产业方面，语音合成、虚拟人物建模等技术的发展让虚拟数字人的应用场景逐渐丰富，商业价值逐步显现。例如，虚拟偶像、虚拟代言人、虚拟主播等虚拟人物开始流行，他们的人设形象与品牌更贴合，运营风险更低，还拥有直播、广告代言、演唱会、周边产品等多重变现路径。未来，虚拟数字人还可能应用到金融、文旅、教育等领域，为人们带来更贴心的服务。

除了以上行业，还有许多行业都在进行数字化变革。这些行业的数字化发展将许多工作、生活的场景转移到了虚拟世界，元宇宙的雏形也由此形成。

✦ 元宇宙创造新的数字文明

回顾往昔，人类每实现一次文明演进，都会制定出新的规则，形成新的社会秩序，进而产生新的文明，那么元宇宙又将带我们步入怎样的新的数字文明呢？这包含六个方面，如图 1–2 所示。

图 1-2 元宇宙催生新的数字文明

1. 新技术

元宇宙由数字技术驱动形成。在未来，元宇宙会进一步促进区块链、VR、AR、人工智能、云计算等技术进一步融合并持续迭代，使其与人们生活的联系更密切。

2. 新经济

元宇宙同样要有相匹配的经济系统作为保障。元宇宙经济是数字经济中最具活力的部分之一，在未来，元宇宙中的数字资产也将具有价值，人们可以用通用的数字货币自由交易数字资产，不用担心信用问题。

3. 新商业

互联网时代出现了双边市场、平台经济等新商业模式，让买家和卖家可以直接连接，实现了去中介化，形成了统一大市场，创造了无数的就业机会。而在元宇宙中，数字经济与实体经济将深度融合，使商业可以进一步突破资源束缚，迎来再一次的大革新。

4. 新组织

一些互联网公司鼓励员工为公司创造价值，通过扁平化管理等方式实现了组织方式的创新。而在元宇宙时代，去中心化自治组织（DAO）治理模式将广泛流行，每个人都有机会参与到改变世界的行动中去，从而带动元宇宙发展繁荣。

5. 新规则

近年来，很多国家针对互联网行业出台了相关的法律法规，一是促进数字经济发展，二是打击垄断行为，构建良好的互联网秩序。元宇宙作为有主权的数字空间，也需要具体的规则和秩序，在未来，也会有针对元宇宙的法律法规出现，而具体执行可能会依靠智能合约实现。

6. 新文明

元宇宙会大幅改变人们的生活方式和社会面貌，实现虚拟世界和现实世界融合、数字生活和现实生活融合、虚拟资产与实物资产融合、数字身份与真实身份融合，最终引领人类走向全新的数字文明。

未来十年将是元宇宙急速发展的时期，将涌现一批全新的职业，如数字艺术家、虚拟设计师、数字建筑师等。要想在元宇宙中立足，我们一定要掌握与数字世界高效交互的技能。

第二章

核心技术：多种先进技术的集大成者

元宇宙的发展离不开各种先进技术的助力，基于多种先进技术的融合交互，才能够形成超级沉浸的、与现实交融的元宇宙生态。其中，区块链、XR、网络通信、游戏引擎等技术是构建元宇宙的核心技术。

区块链：元宇宙运行的技术底座

区块链是元宇宙形成并运行的基础技术。区块链能够提供一个去中心化的生态环境，为用户在元宇宙中创造、交易等提供安全保证，也能够以更稳定的运行环境推动元宇宙的长久发展。

✦ 区块链的主要特征

区块链可以理解为一个去中心化的分布式账本，其具有 5 个方面的特征，如图 2-1 所示。

1. 去中心化

去中心化是区块链的主要特征。区块链能够实现分布式结算和存储，不存在中心化的管理机构，所有节点权利均等，能够实现信息的自动验证和传输。这使得区块链能够避免中心化节点被攻击而导致的数据泄露的风险，同时能够提高运行效率。

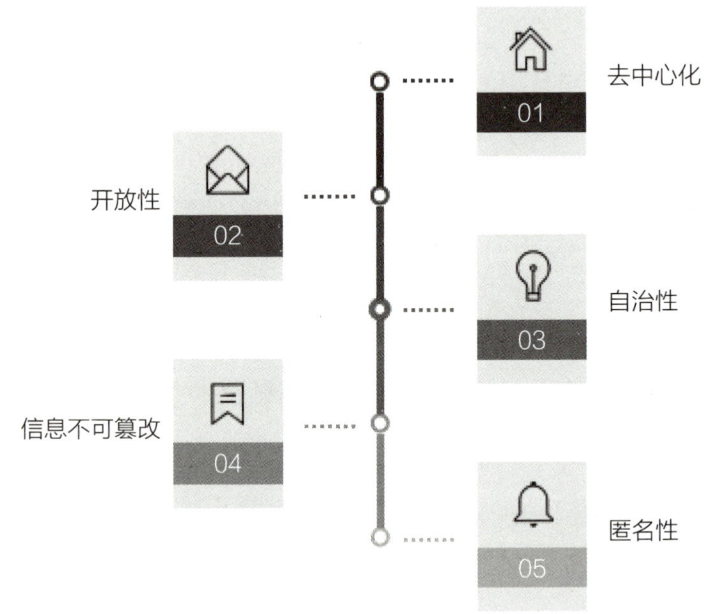

图 2-1　区块链的五大特征

2. 开放性

开放性指的是区块链是一个公开透明的系统，交易的各方都可以通过公开入口查询其中的数据和变更历史记录。当然交易各方的私密信息是被加密的，无法被查看。同时，区块链系统能够实现多方共同维护，即使个别节点出现了问题，也不影响整个系统的运行。

3. 自治性

自治性指的是区块链基于协商确定的协议运行，只要实现协议中约定的内容，区块链就会自动执行接下来的程序。这能够解决交易中的信任问题。交易各方能够在“去信任”的环境下基于区块链系统的验证执行交易，大大提高交易效率。

4. 信息不可篡改

区块链中的信息是不可被篡改的，一旦交易信息被验证通过，就会被永久保存。这使得区块链系统有了一种可追溯性，如果交易出现问题，依据对以往交易信息的追溯，人们可以轻易发现是哪一个环节出现了问题。

5. 匿名性

区块链上的各交易方拥有一个唯一的地址，用来表明交易者的身份。同时，所有的身份信息都是匿名的，几乎不存在个人信息泄露的风险。

基于以上特点，区块链能够为元宇宙的运行提供安全保障，保证用户交易、数字资产流通过程中资产和个人信息的安全性。

✦ 区块链赋能元宇宙平稳运行

从功能上来说，区块链能够为元宇宙的平稳运行提供支持，主要表现在以下几个方面，如图 2–2 所示。

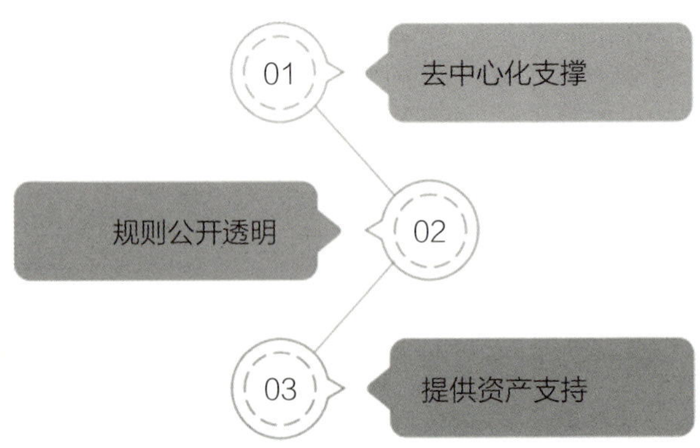

图 2-2　区块链为元宇宙提供的支持

1. 去中心化支撑

区块链技术带来的元宇宙去中心化运行能够大大保证用户的安全。当前，人们的隐私暴露的可能性也越来越高，一旦个人信息被泄露或滥用，就会对人们的日常生活造成困扰，甚至会影响人们的财产安全。而这样的问题同样存在于元宇宙中。在元宇宙中，用户的身份和资产等都是以数字化的形式存在的，一旦个人信息被泄露，那么用户在元宇宙中的资产安全也无法保障。

而区块链能够保证数据的去中心化传递和存储，同时，在其上的数据不会被篡改，数据的传递也能够被追溯。这能够实现用户的数据归个人所有，其他人不能随意处置。并且，如果其他人想要使用用户的个人信息，必须得到对方的授权，这进一步保障了用户的数据安全。

2. 规则公开透明

元宇宙中存在与现实世界相似的运行规则，如果这些规则不透明，那么就会存在暗箱操作的风险，损害用户的权益。而区块链技术能够很好地解决这一问题。以交易为例，区块链中的交易通过智能合约的方式进行。即交易双方事先约定好交易规则，一旦相关条件被触发，交易就会被自动执行，避免了暗箱操作的风险。同时，区块链中的交易是公开透明的，任何交易方都可以查看交易进度，回顾交易流程。这样一来，元宇宙中的交易就可以基于区块链实现公平公正，安全可靠。

3. 提供资产支持

元宇宙中不存在中心化的机构，每个用户都是元宇宙的重要参与者。这使得元宇宙需要在去中心化的背景下实现资产价值认证。而区块链技术支持下的 NFT 为元宇宙中的资产价值确认和资产流转提供了解决方案。

NFT 是存储在区块链上的数据单元，具有不可篡改且独一无二的特点。其不可篡改的特征表明 NFT 的每一次流转都会被记录，清晰可查。而独一无二则表明了每一个 NFT 都是不可替代的。

NFT 对于元宇宙来说十分重要。一方面，NFT 可以明确虚拟资产的价值并扩大虚拟资产的交易范围。在 NFT 没有实际应用之前，虚拟资产的价值往往难以明确，交易的范围也十分有限。而被 NFT 赋能后的虚拟资产有了新的所有权确认体系，并且能够在多个区块链平台中进行交易。另一方面，NFT 与虚拟产品的联动，将成为传统企业接入元宇宙的有效手段。

元宇宙中有这样一个特征：当用户在现实生活中购买了一辆汽车，那么也会在元宇宙中收获一辆同样的汽车。事实上这样奇幻的事情已经在现实中实现。2021 年 11 月，数字收藏品平台 ENVOY Network 推出了兰博基尼 Aventador SV 的 NFT 艺术品 Wen Lambo。除了获得该 NFT 外，买家还将获得一辆真正的定制喷漆兰博基尼汽车。

也许现在这位买家还不能开着这辆炫酷的兰博基尼体验元宇宙，但谁说未来不会实现呢？未来，不仅是兰博基尼，任何现实世界中的资产都可能通过 NFT 转化为数字资产。

交易是社交的重要内容，也是元宇宙中的重要活动之一。能够将现实世界所有生产生活方式完美复刻的宇宙需要一种安全、高效的支付方式，以保证用户交易的安全。区块链作为安全可靠的去中心化账本，能够满足资产数字化的要求，同时在即时交易和可信度方面也十分具有优势，将为元宇宙经济提供重要支持。

✦ 去中心化机制成为元宇宙发展的“稳定剂”

当前，社会各领域往往都是基于中心化的模式运行的，即在不同的系统中，总会存在一个中心环节。例如，消费者在线上购物的过程中，需要通过平台进行交易。

在中心化运行机制下，资源汇聚于一个中心平台上，用户根据自己的需求选择需要的服务。这看起来十分便利，但系统的运行效率却很低下，系统运行的时间成本、运营成本都会增加。而在去中心化运行机制下，中心环节将不复存在，资源不需要通过中心平台统一调配，去中心化的各节点间都可以自由对接，实现更快速的资源传输。这将大大提高资源分配的效率。

从技术方面来看，区块链能够搭建起元宇宙运行的去中心化机制，实现元宇宙的稳定发展，具体体现在以下几个方面。

首先，区块链可以为元宇宙提供去中心化网络，搭建起元宇宙稳定运行的基础。元宇宙是一个集合了海量数据与应用的超级数字生态。如果这些数据都需要通过中央服务器进行控制，则将产生巨大的运行成本。而在去中心化网络下，集中管理海量数据的成本将大大降低，元宇宙的运作将变得更加高效。同时，在数据存储方面，区块链能够实现数据的分布式存储，避免了中央服务器遭受攻击、海量数据泄露的风险。

其次，区块链能够实现用户数据的加密存储，并且将数据所有权交给用户。在中心化平台中，用户的个人身份数据、隐私数据、活动数据等都存储于平台中，同时，用户需要向平台开放自身数据的访问权限，难以实现数据的隐私保护。而在去中心化平台中，用户数据被加密存储于区块链中，其所有权归属于用户自身，大大保障了用户数据的安全。

再次，在中心化平台模式下，基于资源、用户优势，头部平台往往具有压倒性的竞争优势，容易在市场中形成垄断。而在去中心化的元宇宙中，各元宇宙平台不再是中心化的平台，而只是内容与服务的提供商。这使得元宇宙不会被某一家大型科技公司垄断，从而实现元宇宙的稳定发展。

最后，在元宇宙交易方面，去中心化运行机制能够为交易提供去信任的交易环境。元宇宙中的交易可以通过智能合约实现，一旦合约的履行条件被触发，合约就会自动执行，避免了传统交易中的信任问题。同时，基于区块链开发的数字货币也为元宇宙中经济的运行提供了货币基础，助力元宇宙交易的实现。

总之，在去中心化机制下，元宇宙能够避免中心化运行的诸多弊端，在更稳定的环境下实现更长久的发展。

XR：突破虚拟与现实的壁垒

元宇宙的搭建离不开 XR 的支持。借助 XR 设备，虚拟世界和现实世界才得以连接，用户才得以以虚拟化身自由探索元宇宙。自元宇宙概念火热以来，XR 相关产业也得到了很大发展，这又反过来推动了元宇宙应用的落地。

✦ XR：AR+VR+MR

什么是 XR？XR 是 VR、AR 和 MR（Mixed Reality，混合现实）的统称，涉及与之相关的设备和三维信息展示、交互等技术，是连接现实世界与虚拟世界的桥梁。

其中，VR 能够提供给用户一个完全虚拟的世界。通过 VR 头显，用户能够进入一个虚拟的三维场景，获得拟真的沉浸体验。同时，借助配合 VR 头显使用的手柄、手套、动作捕捉等设备，用户可以自由地在虚拟场景中进行互动。VR 是元宇宙的重要组成部分，也将改变人们沟通、社交和工作的方式。

AR 指的是将虚拟内容导入现实世界，在现实世界中呈现出立体、拟真的虚拟人物或场景。例如在手机 AR 的应用中，摄像头会抓取现实图像和三维模型，在现实场景中形成一个虚拟的立体效果，带给用户更多的真实感。

借助 VR 设备，用户进入的是一个由计算机模拟的虚拟世界，而 AR 和 VR 不同，AR 为用户提供的是一种与现实世界互动的体验，是对用户周围的环境进行视觉和听觉上的强化。

用户体验的设计是 AR 发展过程中的重要挑战。要想覆盖更多的用户群体，AR 设备就需要简化，并且使用效果应十分直观，能够让用户轻松地发现叠加在现实世界中的虚拟内容。如果企业做到这些，那么 AR 就会改变更多人的生活和工作方式。例如，浙江天猫网络有限公司（天猫）就曾上线了一座 3D 天猫家装城，打造了一个虚拟购物空间。商家可以在其中立体化展示商品，消费者则可以在其中实现“云逛街”。在这个虚拟购物空间里，消费者可以查看家具的细节和搭配效果，也可以自由地布置家居场景。

混合现实指的是虚拟世界和现实世界融合后产生的新环境。在这个环境下，真实实体和虚拟实体能够共存，并且能够实时交互。在 MR 的环境里，当用户身处于公园中时，不仅能够伸手触碰到虚拟的花朵，还能够真实地闻到花香。同时，用户也可以对自己的生活环境进行定制，自由地在现实世界里叠加虚拟景象。

而作为以上技术的结合体，XR 能够更真实地显示虚拟场景，并能够和虚拟场景中的事物进行多样化的立体交互。借助多样的 XR 设备，用户可以看到虚拟的三维场景和虚实相融的三维场景，并且能够和其中的事物进行自由交互，获得更多的沉浸感。

✦ 元宇宙激活 XR，行业迎来新发展

随着元宇宙概念的火爆，作为元宇宙入口的 XR 迎来了发展的新机遇。市场调研机构 Counterpoint 的研究报告显示，预计到 2025 年，全球 XR 头显的出货量有望突破 1 亿台。其中，VR 一体机是目前 XR 头显市场中的主流设备，预计 2025 年的出货量将达 4000 万台。

基于 XR 对于元宇宙的重要作用，不少实力强劲的企业，如 Meta、微软、字节跳动、华为等公司，都开始从 XR 领域切入元宇宙。

以华为为例，其在 XR 领域的布局十分全面。在产品方面，华为推出了消费级硬件产品“HUAWEI VR Glass”，依托

华为云和5G技术方面的优势，该产品在便携性和实用性方面实现了突破。在平台应用方面，华为推出了AR Engine 3.0和VR Engine 3.0双引擎，支持开发者共建AR/VR生态。在AR交互方面，华为发布了AR交互体验App“星光巨塔”，支持用户体验AR游戏。

除了各大巨头积极在元宇宙赛道布局外，大量资本也涌入了XR领域。企查查数据显示，2021年全年，我国VR/AR赛道公开披露的投融资事件超过百起，融资规模达245亿元。而在此前的2020年，这一领域的投融资事件为71起，融资金额为155.37亿元。由此可见，在2021年元宇宙概念爆发的推动下，VR/AR赛道在融资数量和规模方面都有所增长。

从技术方面来看，XR行业的底层技术已经取得一些发展。例如，眼动追踪、手势识别等技术的应用改善了XR设备的显示与交互体验，实现了设备性能的提升。同时，在设备外观方面，XR设备朝着轻量化、简洁化的方向发展，不断提升用户体验。

企业与资本的入局、技术的支持等推动了XR设备的迭代，使XR设备拥有了更多用户。同时，用户的增长也能够激励开发者提供更多优质内容，推动更多创新应用，甚至创新企业的诞生。在多方推动下，XR产业生态正在形成良性循环。

在元宇宙概念爆发之前，XR 的应用主要集中于游戏领域，发展路径并不清晰。而元宇宙的火爆为 XR 行业的发展注入了新动能，提供了更加明确的抓手。伴随着元宇宙的发展，XR 作为元宇宙的硬件入口也逐渐渗透各行各业，其行业发展路径也更加清晰。

✦ XR 应用场景蔓延，覆盖更多领域

目前，XR 已经形成了非常广阔的下游应用市场，覆盖了许多生活场景。无论是在 C 端市场（消费者市场）还是 B 端市场（企业用户市场），XR 都有了不同程度的发展，产业生态日渐丰满。

1. C 端市场

XR 的 C 端市场以游戏、影视、娱乐、教育等应用为主。XR 拥有的高度沉浸感、定制化体验等特点使其适用于游戏、社交等领域。目前，打造爆款内容、形成流量入口是 XR 企业的主流商业模式，此外，相关企业也在不断拓展直播、购物、旅游等应用场景。

目前，“元宇宙第一股”Roblox 已经开放了 VR 功能，并实现了 VR 游戏的跨平台登录，玩家可以在电脑、手机、VR 头显等各类终端上登录 VR 游戏。

在视频娱乐方面，2020年美国歌手特拉维斯·斯科特（Travis Scott）在游戏《堡垒之夜》中举办了一场与众不同的演唱会，使用XR技术呈现表演，吸引了约2770万名玩家在线观看。《堡垒之夜》因该活动收入4400万美元，安装量环比增长了89%。

2. B端市场

XR的B端市场以工业制造、医疗、零售等应用为主。XR的B端业务侧重为生产经营提供服务，更关注通过XR升级业务流程、进行营销推广等。从市场渗透率和相关产业增速来看，XR在工业制造、医疗、零售等领域有较大发展潜力，其中涉及的远程培训、流程管理等场景，都需要XR作为生产力工具。

以工业软件巨头美国参数技术公司（PTC公司）为例，PTC公司将其在产品设计和产品生命周期管理（Product Lifecycle Management，PLM）积累的核心优势整合至XR平台，在虚拟空间中构建出与现实世界相同的数字镜像，模拟产品研发、生产制造、商业推广等过程，为产品设计、生产工艺、市场投放等环节奠定基础。

XR在医疗领域也产生了巨大的价值。在手术操作训练中，XR设备可以通过显示、力反馈等功能，提升医生的沉浸感，让其更真实地体验手术训练的过程。这样既能提高医生诊断病情的能力，又能大幅降低培训成本。

XR 在多行业开花增强了相关从业者的信心，虽然目前很多产品还不能实现稳定地赢利，但也不会像以前那样完全依靠投资维持生存。随着 C 端、B 端的用户数量不断提升，XR 在下游应用将愈加丰富。

三

网络通信：5G 落地，为元宇宙奠基

元宇宙是集合海量数据的超级数字生态，这意味着，元宇宙的搭建与网络通信技术密切相关，而 5G 的落地为元宇宙提供了优质的网络通信支持。那么，5G 有何特性，又将怎样助推元宇宙的发展？

✦ 5G 的三大特性

2021 年是 5G 大力发展的一年，工业和信息化部数据显示，截至 2021 年年底，我国建设的 5G 基站 142.5 万个。很多人都会好奇，5G 将怎样改变我们的生活呢？

5G 会对第四代移动通信技术（4G）通信场景做出颠覆性的突破，相比 4G，5G 在传输速度、时延方面都会有质的飞跃。具体来说，5G 具有高速度、大带宽、低时延三个特性。

（1）高速率：高速率是 5G 最直观的表现，4G 的传输速度最快能达到 100Mb/s（兆比特 / 秒），而 5G 的最大传输速度则能够达到 10Gb/s，理论上，5G 的传输速度比 4G 网络快约百倍。

（2）大带宽：大带宽是相对于此前网络带宽频度较低而言的。在 4G 网络下，太多设备接入或承载大型游戏时，可能会出现卡顿的问题，而 5G 的大带宽支持接入更多的设备和运行超大游戏，能够为用户提供更流畅的网络体验。

（3）低时延：在数据传输的过程中，4G 有约 20 毫秒的时延，是很多设备无法实现完全智能化的重要原因，而 5G 将时延压缩至 1 毫秒。低时延的 5G 网络能够大大提高智能设备的反应速度，提高其运行效率。

5G 是更高速率、更大承载能力、更低时延的优质、稳定网络，8K 分辨率视频、云游戏、VR 应用等都能够在 5G 的支持下更好地发展。

5G 的发展能够推动元宇宙的建设并为用户提供更优质的元宇宙体验。当前，人们虽然能够借助 VR 设备进入虚拟空间进行游戏、社交等，但往往会遇到游戏卡顿、眩晕等问题，而 5G 网络的应用能够很大程度上改善网络质量，解决这些问题。

同时，当前人们虽然可以在虚拟世界中听到动感的演唱会、看到缤纷的景色，却无法获得逼真的触觉感受。而随着 5G 的落地应用，更多的智能设备将被研发出来，借助这些设备，人们能够在虚拟世界中体验到真实的触觉。

5G 能够为打造出提供真实触觉的触觉互联网提供网络支持。在触觉互联网中，人们能够自由对虚拟目标进行控制，如在虚拟世界中倒一杯水、踢足球等。这一功能的实现需要将大量的感官数据上传到智能穿戴设备中，从而模拟出真实的触觉感受。5G 网络能够保证海量数据的高速传输，形成更真实的触觉体验。

总之，无论是在元宇宙的搭建方面，还是在提升元宇宙体验方面，都离不开 5G 的支持。

✦ 5G 赋能云计算超强算力

云计算是元宇宙的算力基础，是云存储、云渲染等能力的支撑基础。当前，很多大型游戏都是基于“客户端 + 服务器”的模式运行的，对客户端性能、服务器的承载力等有较高要求，如 3D 图形渲染就依赖终端运算。要想降低用户门槛，就需要分离运算和显示，在云端完成渲染。因此，云计算是构建元宇宙的重要技术。

事实上，当前已经有很多企业看到了云计算对于元宇宙的重要作用。英佩游戏就收购了云计算与在线技术厂商 Cloudgine。Cloudgine 的核心优势就是为交互内容提供大规模计算能力。英佩游戏收购 Cloudgine 能够在很大程度上为其旗下的游戏引擎赋能，从而创造出更精良的 VR 游戏。收购 Cloudgine 之后，英佩游戏整合了资源和技术，以 Epic Cloudgine 为游戏引擎提供海量实时交互式内容的云计算能力，为步入元宇宙筑基。

5G 与云计算的结合将提供更强大算力，为搭建更广阔的虚拟空间甚至形成元宇宙提供算力支持。5G 具有高速率、大带宽、低时延三大特征，在这种网络的支持下，云计算的可靠性和运转效率都会得到很大提升。

5G 与云计算的结合能够催化元宇宙的到来。一方面，“5G+ 云计算”将推动云游戏的发展。更优质的网络和更强大的云计算能力不仅能够优化玩家的游戏体验，还能够支撑云游戏虚拟空间的不断扩展，推动云游戏向元宇宙发展。另一方面，“5G+ 云计算”的应用不只在游戏方面，还会推动体育、教育等多方面的云化，将更多的场景搬进虚拟世界，从而将推动元宇宙多样生态的形成。

✦ 5G 与 AI 融合，提升网络智能性

5G 和 AI 这两种划时代技术的结合，会深刻地改变我们生活和社会的方方面面。具体可分为两个方面：一是借助 AI 提

升 5G 体验；二是借助 5G 提升 AI 体验。

1. 借助 AI 提升 5G 体验

将 AI 应用于 5G 网络和终端可以提升无线通信效率、电池续航和用户体验。AI 对 5G 网络管理的各个领域都有重大影响，包括简化部署、提高服务质量、提高网络安全性等。例如，AI 可以通过分析异常频谱来监测网络流量异常的情况。

2. 借助 5G 提升 AI 体验

将 5G 应用于 AI 可以极大提升 AI 体验。5G 的低时延和大带宽能够使 AI 处理全面覆盖终端、边缘云和中央云，增强 AI 体验。

在 2021 中国移动全球合作伙伴大会上，一款“大圣”版 5G 机器人格外引人注目。这款机器人不仅有华丽的外观，还能完成各种复杂场景的行为，如握手、拥抱、跳舞、飞吻等。

像“大圣”这样的 5G 赋能 AI 的案例还有很多。例如山西省吕梁市中级人民法院推行的刑事案件智能辅助办案系统，该系统依托互联网、大数据、云计算等技术，可以进行智能语音识别、司法实体识别等，提高了办案的效率，使案件相关内容更为清晰准确。

5G 是互联网创新发展的重要支撑，提升了经济社会各领域的运营速度，推动经济社会高质量发展。而 5G 与 AI 的双剑合璧更是为实现元宇宙奠定了坚实的网络基础。

✦ 5G 与 XR 融合，交互更具沉浸感

戴上 XR 设备，邀请朋友一起在虚拟电影院中观赏一场沉浸式电影；在虚拟演唱会现场，虚拟化身在舞台中央和虚拟歌手比肩而立……当 5G 和 XR 融合后，以上极具想象力的场景将从想象变成现实。

5G 与 XR 的结合将产生怎样的作用？5G 凭借高传输速度、低时延、大带宽等特性，能够破解 XR 行业面临的发展难题，推动 XR 设备功能的优化。

眩晕是 XR 设备当前存在的一大难题。在 4G 网络下，XR 设备的画面传输延迟性较高，容易使用户产生眩晕感，这不仅影响了用户的使用体验，也降低了用户使用 XR 设备的时长。而在 5G 网络下，用户的各种运动数据可以被快速传输到云端，并快速传回。整个过程的时延可以控制在数十毫秒内，有效减轻用户的眩晕感，提升用户使用体验。

XR 设备目前面临的另一大挑战是能耗高。而 5G 网络可以在设备和云端间实现快速的算力分配，把对算力要求较低的渲染放在设备端进行，把对算力要求较高的渲染放在云端进行。这样的分离渲染可以大大降低 XR 设备的能耗，使 XR 设

备的反应速度更快。

在 5G 与 XR 结合方面，高通已经积极做出了尝试，推出了“5G + XR”分离渲染的方案。基于 5G 实现的端边协同分离渲染，XR 设备可以实现边缘云实时渲染，同时结合设备端的本地渲染实现画面的低时延展示，为用户带来更加沉浸的 XR 体验。

此外，在 5G 技术的支持下，XR 的应用也得以向智能制造、智慧教育、体育赛事等更多领域扩展。例如在体育赛事领域，基于 5G 的低时延、高速度传输，XR 设备与边缘云可以实现分离渲染，以满足更大规模场景的渲染需求，实现全景视角赛事直播、沉浸式观赛等。

总之，5G 与 XR 的结合能够大大提升用户的沉浸式体验，推动 XR 应用向更多领域扩展。未来“5G + XR”技术可以在更多领域大展拳脚，为用户获得沉浸式体验打下技术基础。

四

游戏引擎：开辟元宇宙虚拟空间

元宇宙需要为用户提供广阔的、可供创造的虚拟空间，这离不开游戏引擎的帮助。凭借游戏引擎技术，企业可以创造拟真的虚拟空间，描绘元宇宙雏形，用户也可以凭借简单易用的引擎开发工具自由进行内容创作。

✦ 游戏引擎是搭建元宇宙的重要基础

当前，玩家对游戏 3D 建模和拟真度的要求越来越高，基于此，游戏引擎作为 3D 建模的重要工具得到了越来越广泛的应用，其硬件性能也不断提升。游戏引擎不只应用于游戏开发中，还可以应用于电影、音乐短片（MV）等更多需要建模的场景中。例如，动画短片《大白的梦》就广泛应用了 3D 游戏引擎技术，创造出了各种天马行空的场景。

而在元宇宙的开发过程中，越来越多的场景将搬入虚拟世界，人们可以在虚拟世界中逛街、旅游、创造新的场景等。

在整个现实世界虚拟化的过程中，游戏引擎发挥着重要作用。

游戏引擎在搭建虚拟场景时需要解决两个难点，分别是对物理规则的模拟和对光影色彩的高度还原。在这方面，游戏引擎也在不断地升级迭代，展现更真实的实时渲染效果。在游戏引擎技术方面享有盛名的英佩游戏始终致力于更先进的游戏引擎的研发，并在 2021 年 5 月推出了升级后的虚幻引擎 5。更新后的虚幻引擎 5 在实时渲染方面进一步发展，创造出来的场景也更加真实。

同时，借助搭载的动态全局光照解决方案，虚幻引擎 5 能够对光照变化做出实时反映。在该技术的支持下，当创作者改变场景中的日照角度时，系统也会实时调整场景中的光照角度和光影效果等，使场景始终真实自然。

此外，游戏引擎还需要面向开发者，优化开发流程，降低开发门槛。例如，游戏引擎中可以加入更多的模块化功能，让开发者可以直接使用。在这方面，英伟达的实时协作模拟平台全能宇宙（Omniverse）就推出了音频驱动人脸（Audio2face）功能，可以根据音频自动生成自然的口型，为开发者提供便利。

同时，在游戏开发流程中，开发者往往会使用不同的建模软件，但这些建模软件的数据格式并不相同，同步起来十分麻烦。为解决这个问题，Omniverse 平台支持各大建模软件通用的通用场景描述（USD）数据格式，能够对接各种游戏引擎和建模软件，使这些软件可以在平台上互通，交换信息。

作为构建元宇宙的基础工具，未来，游戏引擎将继续朝着性能优化、操作简洁的方向发展，赋能开发者的创造活动。

✦ 为用户创作提供工具，增加 UGC 内容

元宇宙是一个边界不断扩张的虚拟世界，其发展的重要驱动力就是用户的不断创造。只有用户产生大量的内容，形成完善的 UGC 生态，元宇宙才能够持续发展。

以开放世界游戏为例，很多开放世界游戏在上线前经过了数年研发，创造出了地图庞大的开放世界，以供玩家自由探索。但开放世界并不是没有边界，在地图有限的情况下，玩家的探索热情终有一天会消灭。为了解决这个问题，很多开放世界游戏的开发团队都会不时地更新游戏，扩张游戏的地图和玩法。

这无疑会对游戏团队造成巨大的压力，同时游戏团队有限的产能也限制了游戏的边界。为了解决这个问题，当下已经有一些开放世界游戏接入了玩家自制游戏模组，玩家可以自行更换游戏中的道具、NPC、剧情等，体验游戏不一样的玩法。

专业生产内容（Professional Generated Content，PGC）的产能

是有限的，只有融入UGC模式，才能够引爆内容。这对于元宇宙的持续发展来说是十分重要的。而游戏引擎就提供了一种UGC内容的落地方案，用户可以借助游戏引擎自由地进行内容创作。

以Roblox为例，其为用户提供了简易的游戏引擎，使得用户可以轻松地搭建虚拟空间，设计游戏的玩法、道具等，制作相对简单的游戏。虽然一些人认为Roblox中的很多游戏都有些粗糙，内容也相对简单，但不可否认的是，正是Roblox以便捷的创作工具降低了创作门槛，吸引更多用户参与到内容创作中，Roblox才实现了内容的爆发式增长，形成了多样的内容生态。

总之，低门槛的游戏引擎技术是吸引用户创作、搭建UGC生态的重要工具。以UGC生态打造UGC社区，更能形成元宇宙的生态雏形。

✦ 优美缔：实时3D引擎助推元宇宙创造

当前，我们在隔着显示屏幕探索虚拟世界时，虚拟世界呈现出的是2D的数字内容。而随着游戏引擎技术的发展和应用，更多的3D、实时、可交互的内容会产生，人们离元宇宙也会越来越近。

在这种趋势下，以实时3D引擎而出名的优美缔（Unity）

公司将成为搭建元宇宙的重要参与者。优美缔公司的引擎业务覆盖了游戏、建筑、制造等多个领域。在游戏方面，《王者荣耀》《原神》等游戏都是使用优美缔引擎开发的。同时在建筑、制造领域，优美缔引擎可以在建筑设计、汽车设计等方面，为开发人员提供可视化设计方案，使其设计过程更加简洁、高效。

优美缔引擎覆盖的领域十分广泛，这使其成为元宇宙创作者青睐的创作工具之一。

元宇宙的搭建离不开实时渲染技术的支持，而在这方面，优美缔引擎可以参与元宇宙建设。优美缔公司不只在游戏领域开展业务，还早已成立了工业事业部。这不是简单的游戏引擎应用的延伸，而是针对工业领域各种需求提供个性化的解决方案。由此，优美缔引擎不再是单纯的游戏引擎，而是拓展为"交互式内容创作引擎"。

一方面，优美缔云服务大大降低了元宇宙的参与门槛，让更多用户能够参与到元宇宙的建设中。在元宇宙的建设中，用户将释放更多创作需求，优美缔公司也将持续提升工具的易用性，让更多用户不受工具的限制。要想搭建元宇宙，不仅要提供沉浸式的体验，还要让用户能够低时延地获得这些体验。其中至关重要的是，创作者如何更迅速地构建这些体验。元宇宙需要先进的数字基础设施作为支撑，而优美缔云服务则能够为其提供适合的网络基础。

另一方面，优美缔公司的云端分布式算力方案以强大的资源导入与打包能力助力元宇宙建设。2021 年 9 月，优美缔公司推出了云端分布式算力方案，该方案包含了个性化定制的引擎和各种云服务，可以帮助创作者提高开发效率。

总之，优美缔公司的引擎技术能够以超强的能力和适用性在多个行业落地。并且，随着引擎技术的不断升级、优美缔公司的新的产品和解决方案的出现，优美缔公司的业务将扩展到更多的行业，为元宇宙的到来提供更多的技术支持。

第三章

产业梳理：元宇宙产业规模已现雏形

当前，在元宇宙的风口下，众多科技巨头纷纷入局，推动了元宇宙产业的发展。整体来看，元宇宙产业上中下游的联系日益紧密，产业发展逐渐走向融合。

一

众企业入局，技术与内容方向发力不断

元宇宙产业中聚集着大量的互联网企业。这些企业或聚焦技术优势，研发元宇宙先进技术应用，或聚焦内容优势，产出丰富的元宇宙内容。同时随着元宇宙产业的发展，各领域聚集的企业也越来越多。

✦ 技术入局：多方实践推动技术发展

当前，在元宇宙行业中聚集着大量的科技巨头，这些企业凭借自己在元宇宙技术方面的优势，积极推进技术迭代与产品研发，引领元宇宙行业的发展。Meta、微软等都是其中的代表。

2022 年 3 月，Meta 宣布在加拿大多伦多成立一个新的工程技术中心。该技术中心将在未来招聘数千名员工，进行元宇宙社交技术的研发。该项业务涉及 Meta 远程呈现工程团队、人工智能团队，同时将扩大其在加拿大的虚拟现实实验室和人工智能团队的规模。

除了新建技术中心外，Meta 还宣布向 10 余个加拿大研究实验室提供数十万美元的赠款，以推动元宇宙相关技术的研发与应用。

微软主要通过两方面的技术探索发展元宇宙。一方面，聚焦企业客户，微软推出了工业元宇宙解决方案。该方案集合了微软的 AR 头显 HoloLens 以及数字孪生、自动化控制等技术，能够为企业客户提供一个覆盖从产品设计到产品测试全流程的虚拟空间，提高企业生产效率。

另一方面，微软聚焦个人客户，对线上会议功能进行了更新。微软在其办公协作平台 Microsoft Teams 中融入了 Microsoft Mesh 混合现实功能，该功能支持用户创建个性化的 3D 头像，在沉浸式的空间中召开会议、共享办公文件等。

不仅国外的科技巨头积极进行元宇宙技术研发，我国的一些科技公司也在元宇宙技术方面进行了探索。以微美全息为例，其在 2021 年 8 月成立了全息元宇宙事业部，以进行全息技术的研发，探索全息技术在元宇宙中的应用。

在元宇宙技术方面，微美全息基于全息 3D 层替换技术、动态融合处理技术等，能够将全息 AR 内容融入应用，为用户提供多样的全息成像服务。同时，微美全息拥有丰富的全息 IP 内容库，可以提供多样的全息服务，如全息动漫、虚拟直播等。此外，基于全息技术方面的优势，微美全息已经推出全息 XR 头显，进军元宇宙硬件市场。

在这些科技企业的积极布局下，与元宇宙相关的 VR、全息等技术将实现不断迭代和更加广泛的应用，为元宇宙行业的发展提供强大的底层技术支撑。

✦ 内容入局：为元宇宙提供多元内容

除了聚焦元宇宙发展的底层技术，进行新设备、新应用的研发外，元宇宙行业中还有一类以虚拟内容制作为主的企业，它们也是元宇宙行业中的活跃者。

1. 超次元

超次元是一家虚拟活动应用运营商，其主要业务就是产出虚拟内容。在虚拟活动方面，超次元推出的 3DV 沉浸式实时虚拟活动方案能够实现超万人在线的实时互动虚拟演出。在虚拟演出中，用户可以以虚拟化身自由活动，通过预设动作、文字、语音等进行交互，以全景视角沉浸式观看演出。同时，除了虚拟演唱会外，该方案还适用于发布会、展览等各种虚拟活动。

在虚拟数字人方面，超次元推出了完善的虚拟数字人解决方案，可以为虚拟偶像演出、多名虚拟数字人实时互动等提供技术支持。同时，超次元可以将不同品牌动作捕捉设备的不同动作捕捉数据转化为标准数据，并将体量庞大的数据进行压缩，最终实现虚拟数字人多端互动演出。

目前，超次元已经和数百位客户和各类 IP 开展了合作，例如其与《王者荣耀》《阴阳师》等知名游戏 IP 都有过合作。此外，超次元还曾为哔哩哔哩旗下的虚拟演唱会品牌 BML-VR 提供技术服务，制作了多场虚拟演出。

2. 魔珐科技

魔珐科技是一家以 AI 技术为核心，为虚拟内容制作提供智能化基础设施的公司。魔珐科技能够为虚拟内容制作、虚拟数字人打造等提供技术支持。

在虚拟内容制作方面，魔珐科技推出了全栈式三维表演动画解决方案。该方案改变了传统动画逐帧制作的模式，以自动化软件代替部分人工，实现了动画的规模化制作。在虚拟偶像动画制作的过程中，魔珐科技可以实时捕捉真人演员的表演动作，输出对应的三维动画内容，提高虚拟内容制作的效率。

在虚拟数字人方面，魔珐科技搭建了三维虚拟内容协同制作智能云平台，可实现实时 AI 表演动画、实时渲染等。同时，魔珐科技可以为客户提供专业的虚拟直播服务，并提供虚拟形象定制、虚拟场景定制等服务。此外，魔珐科技推出了三维 AI 虚拟人能力平台，以实现虚拟数字人在客户服务、教学、直播等多场景的应用。

在以上虚拟内容制作公司的助力下，元宇宙领域的内容得以不断丰富，展现出了元宇宙的更大价值。未来，在更多虚拟内容制作公司的助力下，除了企业用户，个人用户也可以参与到虚拟内容的制作过程中，进一步推动内容市场的繁荣。

二

产业链环环相扣，发展完善

元宇宙产业链包括底层技术、前端设备、场景内容等环节。不同环节聚集着大量的企业，技术与应用探索不断。同时，各环节之间的联系也在不断加强，走向融合。

✦ 底层技术：元宇宙落地的基石

元宇宙的底层技术包括底层架构和后端基础设施两个部分。其中，底层架构包括 NFT、区块链等支撑元宇宙经济体系建设的技术，后端基础设施包括 5G、云计算、AI 等方面的基础设施。

区块链是元宇宙的底层技术。作为高度拟真的虚拟世界，形成安全稳定的经济系统对于元宇宙来说十分重要。当前的许多虚拟世界都只能被称作娱乐工具，而并不是真正的平行世界，原因就在于这些虚拟世界中的资产没有和现实世界建立连接，无法在现实世界中流通。即使玩家付出大量精力成为虚拟世界的赢家，也难以对现实生活产生影响。同时，在这些虚拟世界中，玩家并不具有主导权，如果运营商关闭了这个虚拟世界，那么玩家在其中的所有资产和成就都会不复存在。

而区块链能够解决以上问题，搭建起元宇宙的底层经济架构，创造出完善运转同时连接现实世界的经济系统。基于此，用户通过创造获得的虚拟资产可以体现在现实世界中，从而才能够有积极创造、不断扩展元宇宙的动力。

除了底层架构外，元宇宙的底层技术还包括 5G、云计算、AI 等软硬件方面的基础设施。

从 XR 的发展来看，XR 有单机智能及网联云控两条发展路径。前者聚焦显示、感知交互等领域，后者聚焦内容上云后的流媒体服务。未来，两者将在 5G 的基础上不断融合，推动元宇宙产业升级。

当前，中国移动、中国联通、中国电信三大运营商都在通过基础设施赋能元宇宙。三大运营商 2021 年上半年财报显示，在 5G 基站方面，中国移动已累计开通基站 50 万个。而中国联通披露的数据显示，其与中国电信合作，累计开通 5G 基站达 46 万个。以此计算，截至 2021 年上半年，三大运营商开通 5G 基站达 96 万个。

同时，2021 年 11 月，国内首家元宇宙行业协会成立，成员包括中国移动、中国联通、中国电信等。随后，中国电信宣布，其将以元宇宙新型基础设施建设者的身份，依托创新应用成果开启 2022 年“盘古计划”，发力元宇宙赛道，推动 5G 在元宇宙领域的应用。

在这些企业的助力下，搭建起元宇宙的底层架构和后端基础设施，元宇宙才能得以发展，应用场景才得以繁荣。

✦ 交互设备：为用户进入元宇宙提供工具

交互设备是用户进入元宇宙的工具，而交互设备也能够助力用户在元宇宙中获得沉浸式体验。关于交互设备，元宇宙行业中存在两种思路：一种是通过可穿戴设备，如 XR 设备、智能手套等采集用户活动数据，通过 XR 设备实现输出显示，完成交互；另一种是通过脑机接口直接采集用户的脑电波，经过计算、编译等步骤后实现交互。

在 XR 设备方面，当前，元宇宙行业中已经出现了应用于头显设备的内向外（Inside-out）光学跟踪系统和六自由度（6DOF）动作跟踪技术，形成了较为成熟的空间定位和动作捕捉方案，并在 Oculus Quest 2、Pico Neo 3 等 XR 设备上得到普遍应用。

同时，伴随着 XR 技术的成熟，XR 领域吸引了越来越多的入局者。当前，谷歌、Meta、三星、宏达电（HTC）等科技巨头都已经推出了相应的 XR 设备。这一领域的后起之秀小米也于 2021 年 9 月发布了 AR 智能眼镜。此外，苹果公司也曾表示，其旗下 AR 眼镜有望于 2024 年年底发布。

脑机接口展示了元宇宙交互的另一种形式。相比 XR 设备，脑机接口能够实现更加智能的“读心”功能，使用户在元宇宙中的交互变得更加自然。借助脑机接口，用户可以在元宇宙中凭借意识活动身体的每个部位。

借助 XR 设备体验元宇宙时，用户与元宇宙中的虚拟物品交互时会因为虚拟物品缺乏真实感而产生视觉与触觉割裂的感觉。而脑机接口能够实现信号的双向传输，让用户在元宇宙中获得更加真实的体验。

在应用方面，不同于 XR 设备的火热，脑机接口当前还处于实验室阶段，还没有商业落地。从这方面来看，通过脑机接口进入元宇宙还有很长的路要走，而 XR 设备是当前最能满足用户在元宇宙中获得沉浸式交互体验需求的设备。

✦ 场景内容：元宇宙内容多元化发展

从应用方面来说，元宇宙的应用场景呈现出不断扩大的趋势。当前，元宇宙的相关产品主要落地在游戏、社交等领域，但元宇宙的应用远不止于此，随着元宇宙的发展，元宇宙的应用将不断延伸，逐渐覆盖教育、营销、医疗等多场景。最终，元宇宙全景交互将成为现实。元宇宙的应用空间是巨大的。艾瑞咨询数据显示，2026 年我国 AR/VR 内容及服务的市场规模预计为 1302 亿元。

元宇宙当前处于萌芽阶段，各企业的活动主要是将数字服务与元宇宙概念相融合，推出一些具有探索性的应用和产品。其中，元宇宙的应用体现得比较明显的一个领域就是在线游戏。传统在线游戏往往有固定的场景和游戏规则，是以完成任务为主导的“定向性游戏”。内容主要有竞技攻关、打怪升级等，即使存在玩家互动，也是以完成任务为核心的互动。而融入元宇宙元素的游戏具有更高的自由性和交互性，属于“发散性游戏”。游戏中只有基础规则，不限定玩法和社交。

除了游戏外，元宇宙也可和更多的场景结合，增强沉浸式效果。例如，迪士尼已经开始探索在游乐项目中解锁元宇宙相关技术，推出了“星球大战：银河星际巡洋舰”娱乐项目。其中的银河星际巡洋舰并不是一个单独的度假酒店，而是沉浸式剧场和虚拟世界环境的融合。

在这个虚拟场景中，人们可以和各种角色互动，或品尝多样的银河美食。整个航程就是一个完整的故事，人们的每一个选择都会影响自己在故事中的命运，同时推动故事发展。在这里，人们可以获得个性化的娱乐体验，体验丰富多彩的冒险旅程。同时，基于元宇宙的创造性，人们除了可以扮演既定的角色外，还可以在这个虚拟场景中创造角色，这是该项目能够带给人个性化体验的关键。

未来，随着元宇宙的发展，新的技术和应用将加速元宇宙在更多领域的落地和融合。同时，除了将更多的现实生活中的场景搬进元宇宙外，元宇宙中还会产生全新的、现实中不存在的场景。在这一过程中，虚拟与现实的结合也将更加紧密。最终，大规模爆发的元宇宙应用将形成一个互相融合的完善的生态，并且与现实世界相互连通、相互影响，而人们的娱乐、工作、创作等都可以搬到元宇宙中，体验别样的“第二人生”。

三

未来发展：产业链各企业走向联合

元宇宙产业的发展离不开众企业的布局。当前，元宇宙产业生态已经逐步搭建，未来，在众多企业的携手发力下，新的产品、项目也会越来越多，各企业之间的关系也将更加紧密。

✦ 产品研发：硬件方面布局动作不断

元宇宙概念火爆之下，VR/AR 行业迎来了发展的东风，而 VR/AR 确实作为元宇宙的技术入口获得了新的发展机会。VR/AR 产品作为搭建元宇宙生态的基石，是企业布局元宇宙的关键。

2021 年 8 月末，字节跳动以 90 亿元的价格收购了 VR 创业公司北京小鸟看看科技有限公司（Pico）。此前，字节跳动已在 VR/AR 领域进行了长期深耕，本次收购后，字节跳动将小鸟看看并入公司 VR 业务，并将整合公司资源与技术，加大对于 VR 产品的研发投入。

小鸟看看有何价值？为什么字节跳动会愿意将其重金收购？在我国 VR 行业中，能够独立研发、生产 VR 产品的企业屈指可数，而小鸟看看正是其中之一。国际数据公司（IDC）发布的《2020 年第四季度中国 AR/VR 市场报告》显示，2020 年，小鸟看看位居我国 VR 一体机市场份额榜首，第四季度份额甚至达到了 57.8%。

小鸟看看研发的产品主要有 VR 一体机、VR 眼镜以及各种追踪套件等。2021 年 5 月，小鸟看看发布了 VR 一体机 Pico Neo3，开售仅一天销售额就突破了千万元。

资本方也十分看好小鸟看看。截至 2021 年 3 月，小鸟看看已完成 5 轮融资，其中 A 轮、B 轮和 B+ 轮融资金额分别为 1.68 亿元、1.93 亿元和 2.42 亿元。

正是基于小鸟看看在 VR 产品方面的优势和未来良好的发展前景，字节跳动以重金收购小鸟看看，为元宇宙生态的铺设蓄力。除了字节跳动之外，Meta、谷歌、索尼、大朋 VR、爱奇艺等企业都纷纷在 VR/AR 产品方面发力，推出了各自的 VR 一体机、VR 眼镜等。

无论是自主研发 VR/AR 产品，还是通过收购 VR/AR 生产厂商进行产品研发，这些企业的动作都在推动 VR/AR 市场的快速增长。IDC《2021 年第二季度增强现实与虚拟现实市场追踪报告》显示，2021 年全球市场 VR 头显预计出货 837 万台，其中我国市场预计出货 143 万台。同时预计未来 5 年，我国市场 VR/AR 产品的出货量将大幅上涨。

✦ 设计项目：通过项目推动元宇宙落地

移动互联网兴起的时候，众多的移动应用纷纷出现，证明了其实现的可能性。而在元宇宙不断发展的过程中，也有越来越多的企业开始推进元宇宙相关项目，通过项目的落地应用为接下来的发展铺路。这主要体现在游戏、体育等场景中。

在游戏领域，红杉资本、真格基金等知名投资机构都在通过投资布局。而一些正在积极布局元宇宙的参与者，在游戏这方面的行动更为积极。

例如，中国移动旗下的咪咕聚焦“5G+ 云游戏”，积极提升游戏云算力网络服务能力，以推进云网融合、实现终端云原生游戏共享。同时，咪咕推出了数智竞技大厅，汇聚多种竞技游戏，以聚拢庞大的用户群体，构建起“数智竞技元宇宙”。

此外，“体育元宇宙”也是一个值得关注的领域，无论是在虚拟世界体验各种体育运动，还是将体育赛事以高沉浸感的方式展现给观众，都体现了元宇宙在体育领域的巨大发展潜力。

在这方面，咪咕与亚洲足球联合会携手，运用5G、4K/8K、VR、AI等技术，将为2023年亚洲足球联合会亚洲杯打造可以实时互动、提供高沉浸体验的“5G云赛场”。此外，咪咕还积极探索体育数智达人，推出了以冰雪运动员谷爱凌为原型的Meet GU数智达人。

Meet GU数智达人不仅具有酷似真人的形象，还可以和观众进行互动。同时，Meet GU还走进了咪咕冬奥会赛事演播室，在演播室中完成滑雪赛事解说、赛事播报、与观众互动等工作。

未来，咪咕将推出和终极格斗冠军赛（Ultimate Fighting Championship，UFC）及美国职业篮球联赛（National Basketball Association，NBA）联合打造的格斗数智人和篮球数智人。当这些数智人广泛出现在赛事解说、赛事播报等场景时，人们对元宇宙的认知会更加清晰。

咪咕在游戏与体育方面推进元宇宙项目并不是市场中的个例。越来越多的企业开始着眼于游戏、社交、体育等多方面的元宇宙项目的推进。在对元宇宙项目的不断探索中，越来越多的关于元宇宙的想象将变成现实，最终推动元宇宙的发展。

✦ 走向联合：以合作搭建生态

推进元宇宙落地需要多方面的能力，单独的一个企业很难将这些环节全部做好。在这种情况下，很多企业纷纷通过收购、寻求合作等打造生态体系，共同推进元宇宙的建设。

当前，很多互联网行业巨头为了推进更庞大的元宇宙项目，都在积极拉拢生态伙伴。Meta、腾讯等收购企业的脚步还在继续，字节跳动也加快了收购的脚步，积极完善自身生态体系。

2021 年 10 月，字节跳动投资了芯片公司光舟半导体。光舟半导体在衍射光学、半导体微纳加工技术等方面极具优势，推出了自研 AR 显示光芯片及模组，同时推出了半导体 AR 眼镜硬件产品。

在此之前，字节跳动已经收购了我国 VR 行业头部厂商小鸟看看，而此次字节跳动投资光舟半导体，体现了其持续对于元宇宙领域的布局。

字节跳动在元宇宙领域的布局渐成体系，其正在通过不断的收购和内部研发搭建自己的元宇宙生态体系。对光舟半导体的投资和收购小鸟看看，体现了字节跳动在元宇宙硬件环节的布局。同时 2021 年 4 月，字节跳动投资了游戏公司代码乾坤。代码乾坤作为我国知名的手游开发商，推出了创造和社交

UGC 平台《重启世界》。这体现了字节跳动在元宇宙内容方面的布局。此外，在内容方面，字节跳动已在虚实结合、虚拟交互等方面进行了长期的研发和实践，旗下的抖音已经上线 VR 社交、AR 互动等功能。

依托硬件和内容方面的多方投资、收购，字节跳动融入了更多的元宇宙基因。未来，字节跳动将整合多方资源和技术能力，构建自己的元宇宙生态，并逐步深化在元宇宙领域的投资和研发。

第四章

引爆市场：元宇宙开辟市场新蓝海

在众多企业入局、布局动作不断发展的过程中，元宇宙也引爆了新的市场。移动互联网的发展空间日渐紧缩，而元宇宙以虚拟世界打开了新的发展市场。这大大激发了市场活力，众企业投资、融资动作不断，市场风起云涌。

一 元宇宙带来新机遇

元宇宙为互联网企业的发展带来了新的机遇。虚拟世界可以复制现实中的商业模式，拓展企业的赢利空间。同时，抓住元宇宙热点的企业也以新概念实现了迅猛发展。

✦ 虚拟世界带来商业模式赢利新空间

元宇宙作为一个支持自由创造的虚拟空间，可以承载人们的各种想象力和创造力。从商业模式的角度来说，几乎所有在现实中存在的商业模式都可以复刻到元宇宙中，并产生经济效益。例如，在建筑、广告宣传、地产投资等方面，元宇宙都可以复刻现实中的商业模式。

在建筑方面，建筑企业或建筑设计师可以通过设计作品获得收益，在元宇宙中同样可以做到这些。例如，巴塞罗那某组织曾邀请一个伦敦建筑工作室为其设计了一座在虚拟世界中搭建的会议中心。用户可以选择自己的虚拟化身，然后跟随导航进入露天会场参加会议，自由地与其他参会者交流。

此外，在现实世界中，建筑设计师往往受困于建筑设计的种种限制，无法自由地发挥想象力和创造力。但是在元宇宙中，建筑设计师就可以摆脱现实中的各种束缚，设计出更加奇幻的建筑。

在广告宣传方面，元宇宙提供了新的广告展示空间。2021年8月，一部关于虚拟世界的科幻电影《失控玩家》火爆上线，吸引了众多观众的目光。男主角每天都会如往常一样起床、吃早饭、买咖啡、走过熟悉的街道来到银行上班。而这个十分逼真的虚拟世界里蕴含着诸多广告商机，男主角路过的广告牌、穿的衣服、拿的咖啡等，都是品牌植入的理想场景。

在地产投资方面，元宇宙也可以复制现实中的商业模式。企业可以投资虚拟土地，在其中建起商场、游乐场等，以此赢利，同时，也可以将部分土地租赁给虚拟世界中的其他用户，供用户在其中创造和经营。

同时，元宇宙的潜力不止如此，除了复刻现实中的商业模式外，还可能产生现实中不存在的商业模式。在多样的商业模式下，在不久的将来可能会涌现出许多新的职业，如元宇宙建筑设计师、虚拟形象设计师、元宇宙游乐项目规划师等。

✦ 元宇宙指引投资新方向

自元宇宙概念爆发以来，其在投资市场持续火热，诸多元宇宙概念股持续暴涨。元宇宙为投资者指出了投资的新方向，但投资者仍然需要仔细分析，了解元宇宙的投资前景和方向。

元宇宙集合了 XR、AI、5G、区块链等诸多技术，将这些技术分门别类，我们可以将元宇宙分为三大产业板块：XR、芯片等硬件板块；操作系统、开发工具等软件板块；5G、区块链等基础设施板块。

当前市场中的元宇宙概念公司基本都处于这几大板块中，这些公司在技术、市场方面都具有明显优势，例如在硬件板块具有优势的歌尔股份、京东方，在软件板块具有优势的腾讯、字节跳动，在基础设施板块具有优势的中国移动、华为等。元宇宙的三大产业板块也指出了投资元宇宙的三大方向。

1. 硬件

硬件板块是变现路径十分通畅的一个投资板块。在 PC 互联网、移动互联网以及元宇宙的发展过程中，硬件终端也从手机、电脑演变为各种 XR 设备。从某种意义上说，元宇宙能否在未来获得不断发展，与 XR 设备能否真正成为连接虚拟世界与现实世界的接口密切相关。

在当前的市场中，小鸟看看、宏达电、大朋 VR 等厂商均推出了自己的VR一体机产品。而以亮风台为代表的AR企业，正在尝试将AR应用到游戏、智能制造等更多场景中。

2. 软件

在元宇宙软件方面，优美缔、英佩等平台型创作引擎是行业内的龙头。其中，优美缔除了提供3D内容创作平台外，还为汽车、电影、建筑等领域提供开发工具。值得注意的是，这两家企业都在腾讯的投资版图内。加上自身在社交娱乐产品领域的强大实力，腾讯成为我国元宇宙软件领域的龙头企业。

除了腾讯之外，字节跳动、网易等在社交娱乐领域极具优势的企业同样值得投资者关注。游戏是最接近元宇宙的产品形态，一些VR游戏已经展现出了元宇宙的雏形。未来，在游戏内进行社交、办公将成为趋势，从而推动元宇宙游戏的爆发。

3. 基础设施

元宇宙海量数据的传输需要借助大量的基础通信设施，而5G、云计算、区块链等底层技术能够为元宇宙的数据传输、经济体系建设等提供支持。这些底层技术是元宇宙能够长久发展的基础。在这些技术方面具有核心优势的企业以蓝筹股企业居多，这些企业发展较为稳健，是值得参考的投资标的。

从投资角度来看，投资者进行元宇宙投资的主战场在于硬件和软件板块。硬件板块讲求成本产出比，产业链条长，投资机会多；软件板块主要聚焦于游戏、社交等应用软件的开发，优势是可以快速获得海量用户，投资回报较为丰厚。

当然，目前元宇宙仍处于发展的初级阶段，发展的不可预测性较高，投资也具有一定的风险。

二

科技巨头加码，探索不断

新的市场机遇意味着新的增长空间，为了推动企业发展，众多企业纷纷将发展的目光瞄向了元宇宙，调整企业发展方向，积极布局元宇宙。其中，国外的 Meta、英伟达，国内的腾讯、百度等都将元宇宙作为未来发展的重要方向。

✦ Meta：多方布局，全力进军元宇宙

2021 年是元宇宙元年，在这一年，Meta 更名并宣布转型为元宇宙公司，看好元宇宙赛道。而进入 2022 年后，Meta 在元宇宙方面的布局已经越来越完善。从整体来看，Meta 主要在以下 3 个方面进行了元宇宙布局。

1. 软硬件

Meta 旗下的 VR 硬件品牌 Oculus 是 VR 市场中的佼佼者。2021 年第一季度全球 VR 设备品牌份额排行榜显示，Oculus VR 以 75% 的市场份额占比排名第一，在市场中具有绝对优势。

同时，Meta 已经着手 VR 设备相关软件系统的研发，以摆脱对 Android 的依赖。Meta 希望通过软件系统的研发完善自身生态闭环，从而建立起包括硬件设计、芯片研发、操作系统研发等多个环节在内的完善的生态系统。

此外，Meta 在体感设备方面也进行了积极布局。其与雷朋合作推出的智能眼镜搭载了双 500 万像素摄像头，同时拥有扬声器、麦克风等设备，具有拍照、录像、语音通话等功能。

2. 内容

在内容方面，Meta 通过 VR 游戏、元宇宙应用等奠定自己的内容基础。在 VR 游戏方面，Meta 收购了多家 VR 游戏开发商、影视内容制作商，例如收购 VR 内容制作平台 Blend Media、VR 游戏开发商 Beat Games 等，以提升自身的虚拟内容制作竞争力。在元宇宙应用方面，Meta 推出了元宇宙办公平台 Horizon Worlds，支持用户通过 VR 设备在虚拟世界中召开会议、体验各种游戏等。

3. 技术

Meta 的元宇宙技术布局包括自主研发和收购两条路径。在自主研发方面，Meta 旗下的虚拟现实实验室作为元宇宙技术的研发部门，在公司战略布局中的重要性不断提高。同时，Meta 在 2021 年对该部门投入了 100 亿美元，未来投入的研发费用可能会更多。在收购方面，Meta 收购了多家计算机视觉、眼动追踪、游戏引擎等领域的公司，如 Xbox 360 手柄设计团队 Carbon Design、游戏引擎开发商 RakNet 等。

通过以上 3 个方面的布局，Meta 不断提升自己在技术研发、内容产出等方面的能力，有望在未来推出更加智能的元宇宙产品。

✦ 英伟达：推出虚拟协作平台，赋能开发者

2021 年 11 月，英伟达在 GTC 2021 大会中展示了以其首席执行官（CEO）黄仁勋为模板制作的虚拟形象 Toy-Jensen。Toy-Jensen 可以流利地和人交流，回答人们提出的气候变化、生物蛋白质方面的高难度问题。在展示过程中，Toy-Jensen 的动作和语言都是实时生成的，能够给人们提供一种真实的交流体验。

虚拟形象 Toy-Jensen 是通过英伟达推出的虚拟协作模拟平台 Omniverse 平台实现的，这让人们看到了英伟达在虚拟现实方面的实力。同时，英伟达表示，Omniverse 平台不仅会应用于娱乐领域，也会落地于汽车、建筑等领域，提供多样的虚拟化应用。

例如在汽车领域，英伟达和宝马、沃尔沃等汽车制造商

达成了合作，帮助其研发团队进行汽车的模拟制作。其研发团队可以在虚拟空间中连接各种设计工具和项目，彼此进行协作。随着项目的推进，可视化的工作流程也会随之发生转变。

宝马是第一家通过 Omniverse 平台设计整个工厂的汽车制造商。Omniverse 平台能够模拟出整个工厂模型，包括员工、智能设备、汽车部件等，让身处各地的产品工程师、项目经理等能够在虚拟环境中进行协作，完成产品设计、优化等一系列复杂的过程，提升工作效率。

可实现在虚拟世界中实时协作的 Omniverse 平台凭借其效率高、成本低的特点，得到了许多企业的认可，而元宇宙也在 Omniverse 平台的推动下得以在工业领域落地。以往汽车、建筑物等的设计主要以图纸为基础，而借助 Omniverse 平台，企业可以在虚拟世界中设计出一个拟真的高精度立体设计图，在其中实验成功后再将设计方案搬到现实中。

英伟达希望以 Omniverse 平台打造工程师的元宇宙。当前，Omniverse 平台已经实现了多工业场景的虚拟化应用，同时，Omniverse 平台正在不断增加新的功能，如 AR、VR、多图形处理器渲染和工业数字孪生应用程序等。未来，英伟达将以更先进的平台服务更广泛的用户，将更多的工业场景搬进虚拟世界。

✦ 腾讯：多方投资，游戏是重要方向

2021 年 9 月以来，腾讯相继申请了“腾讯音乐元宇宙”“和平精英元宇宙”“绿洲元宇宙”等商标，将元宇宙和自己已有的 IP 相结合。这些与元宇宙相关的商标显示了腾讯布局元宇宙的野心。

腾讯的确具有布局元宇宙的实力和优势。腾讯旗下的微信、QQ 等社交生态,《王者荣耀》《和平精英》等游戏内容，以及参股的虎牙、斗鱼等直播平台等都已经形成良性的运作循环和完善的经济系统，能够为用户提供多样且高质量的内容。

腾讯 2021 年第三季度财报显示，截至 2021 年第三季度末，腾讯旗下微信、WeChat（国际版微信）、QQ 等社交平台的月活跃用户合计突破 18 亿，拥有超大的社交网络基础。同时，根据 2020 年全球各大游戏公司的财报，腾讯以接近 240 亿美元的总营收高居全球榜首，远超索尼、任天堂等知名游戏厂商。社交和游戏方面的优势为腾讯布局元宇宙提供了庞大的用户流量和落地土壤。

凭借自身优势，腾讯加深了对元宇宙的探索。对内，腾讯加快了在元宇宙方面的研发和探索。其 2021 年第三季度财报显示，腾讯在科研方面的投入创 2021 年季度新高。同时腾讯表示，未来将进一步增加在虚拟现实产品研发方面的投入，

推出更优质的产品。此外，基于其游戏和社交基础，腾讯也在不断进行元宇宙方面的实践，通过一些活动促进现实世界和虚拟世界的融合。

例如，腾讯正在通过一系列活动，逐步在《和平精英》游戏中融入元宇宙元素，带给玩家更多的沉浸感。为了在游戏中引入自定义内容,《和平精英》上线了绿洲启元模式，支持玩家自由编辑游戏地图、道具等。

同时,《和平精英》和电影《哥斯拉大战金刚》进行了联动，将哥斯拉和金刚两大巨兽引入游戏。在全新的巨兽玩法中，哥斯拉将登陆海岛地图，沿着既定路线穿越海岛。在这一过程中，哥斯拉会摧毁周围的营地并消灭沿途的小怪，而玩家可以跟在哥斯拉身后，拾取营地爆破和小怪阵亡后留下的战斗物资。

在新的游戏玩法中，哥斯拉就是一个移动的“决战圈”，以优质的物资吸引玩家战斗。在跟随哥斯拉和其他玩家进行战斗的过程中，玩家还可以近距离观看哥斯拉和金刚的决斗。

除了推进内部研发和探索外，腾讯在元宇宙领域的投资也从未停止。例如在游戏方面，腾讯投资了游戏市场中的知名独角兽公司英佩游戏，将结合其自研游戏、游戏平台和游戏引擎为自身游戏业务赋能。同时，腾讯投资了阿凡金生活

（Avakin Life）的开发商 Lockwood Publishing 和 Roblox 等沙盒游戏公司。其中，Avakin Life 的注册用户超过 2 亿，日活跃用户量超过 100 万，而 Roblox 创造了 1.15 亿月活用户的纪录，拥有广泛的用户群体。二者都有孕育元宇宙的基因。

腾讯的投资覆盖了元宇宙硬件、平台与内容多个方面。游戏领域之外，腾讯还投资了 AR 科技公司优奈柯恩（Nreal）、音频流媒体服务平台声田（Spotify）、虚拟演出服务商 Wave、元宇宙社交平台 Soul 等。

通过内部研发探索和外部投资布局，腾讯逐步搭建起了较为完善的元宇宙生态。通过对元宇宙概念产品的投资，腾讯也能够更好地整合内外相关资源，为自身元宇宙产品的研发提供支持。在不断的布局中，腾讯将引领我国元宇宙行业的发展。

✦ 百度：发布“希壤”，探索虚拟空间

美国金融服务公司摩根士丹利发布的报告显示，元宇宙的潜在市场份额或将超过 80000 亿美元。这意味着，元宇宙在未来具有广阔市场。在未来前景的吸引下，百度也积极进军元宇宙，并推出了元宇宙产品“希壤”。

希壤打造了一个跨越虚拟和现实、提供多人互动的空间，同时搭建了丰富的内容。希壤在城市设计中融入了大量传统元

素，展示了多样的山水风景和传统文化。在这里不仅可以游览千年古刹少林寺，还可以探索三星堆、游览三体博物馆，获得丰富的内容体验。

同时，希壤在视觉、听觉、交互等方面都实现了技术上的突破。用户登录希壤后，可以创造一个专属的虚拟形象，并以该形象自由地逛街、交流、看展等。同时，借助VR设备和可穿戴设备等，用户能够更真实地“进入”这个虚拟世界，感受沉浸式的音视觉效果，并自由交流。

在上线希壤后，百度将2021百度AI开发者大会搬进了希壤中。用户可以根据虚拟世界中的指示标找到大会的会场，并进入这个可容纳10万人的虚拟会场。当用户进入会场后，会有和许多人坐在一起的临场感，甚至能够听到周围人的谈话。

元宇宙实时刷新的沉浸式体验画面效果、多人交互等，需要海量算力支持，因此技术实力是企业在布局元宇宙时十分关键的一环。当前，希壤在虚拟空间拓展、更自然的交互等方面还有很大的前进空间，在之后的探索中，百度将不断提升技术实力，为希壤提供更强大的AI和云计算能力。

此外，百度营销也将在元宇宙场景上进行布局。元宇宙将重构营销的“人-货-场”关系，开启营销新场景。借助希壤，百度VR产业化平台将不断升级，连接更多场景。为此，百度营销发布了“星光计划”，通过创作者训练营、点对点服务等为企业内容营销赋能，同时升级了“基木鱼”智能商家经营平台和营销管理平台。未来，百度将不断提升自身技术能力和平台服务能力，推动互联网行业进入元宇宙新营销时代。

当前，百度的元宇宙产品还不成熟，新的营销场景也需要长时间的构建，但长远来看，百度具有强大的技术和平台实力，在元宇宙产品的不断升级中，百度将成为推动元宇宙发展的重要力量。

资本青睐，行业新秀借势发展

元宇宙市场中除了各大科技巨头的身影外，许多互联网行业中的新秀也乘着东风崛起，获得了快速发展。元宇宙相关的硬件厂商和应用提供商都获得了资本的关注。

✦ UGC 平台 BUD 以开放生态吸引融资

2022 年 5 月，元宇宙 UGC 平台公司 BUD 完成了 3680 万美元的 B 轮融资。此次融资由红杉资本（印度）领投，锴明投资（ClearVue）、网易、北极光创投等跟投。BUD 表示，此次融资的资金将用于编辑器的迭代和市场开拓等方面，以持续优化用户体验。

BUD 是一家总部位于新加坡的元宇宙创业公司。其推出的 BUD 平台支持用户创建 3D 虚拟形象，在虚拟世界中与其他用户玩耍、聚会、探索等，同时支持用户进行虚拟内容的自由创作。

BUD 的目标是降低 3D 创作的门槛，让更多没有编程基础和游戏开发能力的用户也可以自由创造一个可以进行社交、游戏的虚拟空间，然后邀请其他用户进行互动。按照 BUD 团队的设想，在具有创意思维和设计能力的用户拥有更为便捷的创作工具后，平台内的原创虚拟作品的数量将得到爆发式增长。

截至 2022 年 5 月，BUD 平台上的原创 3D 作品的数量已经突破 1500 万。自 2021 年 11 月在全球上线以来，其进入北美、东南亚等地区数十个国家的社交应用排行榜前 10 名。

在元宇宙的推动下，更加开放的新一代社交平台正在逐渐兴起。而 BUD 所体现出的低门槛、强调 UGC 内容等特性，已经逐步获得了市场中的用户与资本的认可。未来，在用户的共创下，BUD 有望迎来进一步的发展，吸引新一轮的投资。

✦ 环球墨非聚焦数字交易，斩获融资

2021 年 8 月，数字资产运营公司环球墨非获得由渠丰国际、36 氪基金、海石资本等投资方投资的数千万元资金。这些资金将用于整合数字资产版权、加大技术研发投入、加强团队建设等，同时为数字娱乐产业提供高效的交易服务。

虚拟内容制作、数字化营销是环球墨非的两大主要业务。在虚拟内容制作方面，凭借先进的特效技术，环球墨非曾承接

过《中国女排》《大闹天宫》等电影的特效工作。在数字化营销方面，环球墨非利用自身先进的虚拟制作技术，为数字娱乐产业提供个性化营销服务，同时整合下游渠道，进行多渠道的分发推广。

在元宇宙爆发之际，环球墨非以虚拟资产为核心，在元宇宙生态方面进行了布局。这表明公司的下一步业务重点将放在数字资产整合和产业链应用方面。当前，数字娱乐产业中存在大量的数字版权资产，能够为上下游多个环节创造价值。基于此，环球墨非正在打造数字资产交易平台“数字云库”，以整合数字资源，推动数字娱乐产业上游的数字版权资产再次流通并发掘其潜在价值，同时帮助下游创作者降本增效，为其提供源源不断的内容。

元宇宙需要实现对虚拟资产的承载。而环球墨非希望能够以更快速度、更广泛的覆盖范围提供更多可视化的数字资产，帮助创作者释放自己在元宇宙领域的创造力。未来，环球墨非将借助数字资产交易平台进一步模糊现实与虚拟的边界，推动虚实结合的数字元宇宙的形成。

✦ Treeverse 以区块链游戏获资本支持

随着元宇宙概念的流行，区块链游戏也逐渐走入了大众视野。虚拟宠物游戏 Axie Infinity 引发了新一轮的元宇宙游戏趋势，日活用户将突破百万人；Decentraland 开辟了虚拟房地产交易新场景，引发了虚拟世界的房屋交易热潮。

Treeverse 也是备受期待的元宇宙游戏之一。Treeverse 是一款面向 NFT 收藏家的开放世界的社交游戏。玩家可以在 Treeverse 中建造房屋，展示自己的 NFT 藏品，并查看其他人的 NFT 藏品。如果玩家拥有特定的 NFT，还可以加入公会。除此之外，玩家还可以在 Treeverse 中与其他收藏家社交，邀请他们到自己的房子参观。同时，Treeverse 中还内置交易市场和互动的小游戏等。

Treeverse 由 Loopify 和 Aizea 创立，2021 年以 2500 万美元的估值完成了一次融资，由 IdeoCo Labs、SkyVision Capital、Stani Kulechov 等机构投资。

该游戏完成巨额融资意味着大型多人在线角色扮演游戏是元宇宙的可行发展方向之一，这些游戏支持用户在虚拟世界中用 NFT 进行交互，是元宇宙经济系统的雏形。

NFT 的出现为 Treeverse 这样的游戏增加了一个有趣的元素，即用户可以确认自己数字资产的所有权，这是在元宇宙中建立经济体系的前提。资本对这些游戏的投入，显然也是因为看好这一点。

第五章

虚拟数字人：元宇宙的必要化身

在元宇宙概念未爆发之前，虚拟数字人就已经出现，而随着元宇宙的发展，虚拟数字人也迎来发展的春天，进入更多人的视野。对于元宇宙来说，虚拟数字人是其重要组成要素，也是用户得以进入元宇宙的必要化身。

一

虚拟数字人的前世今生

提到虚拟数字人，许多人都会想到当今深受欢迎的虚拟偶像初音未来、洛天依等。那么，究竟什么是虚拟数字人，其又经历了哪些发展历程？

✦ 虚拟数字人：数字化表现的“人”

2022 年高考期间，一篇出自虚拟数字人考生度晓晓的高考作文《本手、妙手、俗手》刷屏网络。这篇作文立意明确、结构完整、语句流畅，获得了阅卷组老师给出的 48 分的成绩。根据历年的数据，作文成绩获得 48 分以上的考生不足 25%。可以说，度晓晓的作文水平已经超越了 75% 的真人考生。

这不是度晓晓第一次展现自己的能力。在 2022 年西安美术学院的本科生毕业展上，度晓晓展示了自己创作的 6 幅绘画作品。这 6 幅作品获得了众多师生的关注和赞扬。

对于 AI 来说，写作文、绘画这类颇具创造性的活动极具挑战性，特别是写作文，需要虚拟数字人具备较高的可读性、创造性。度晓晓的作文成绩意味着虚拟数字人技术在高考中顺利通关，展现了强大的创造能力。

那么，什么是虚拟数字人？我们又该如何对其进行定义呢？

虚拟数字人指的是依托虚拟现实、人工智能等技术打造的虚拟人物。虚拟数字人依靠显示设备存在，需要通过手机、电脑或智慧屏幕等设备显示。

虚拟数字人具备3个特征：

（1）拥有人的外观，具有固定的样貌、性别以及性格；

（2）拥有人的行为，可以用语言、表情以及动作进行表达；

（3）拥有人的互动能力，可以识别周围的环境并与人进行互动交流。

综上所述，虚拟数字人需要具备形象能力、感知能力、表达能力和互动能力。

了解了虚拟数字人的特征后，我们接下来将介绍其运作原理，即虚拟数字人是怎么说话、互动的。

虚拟数字人一般包括形象、语音、动画、显示、交互等5个主要模块。根据交互模块的有无，虚拟数字人可以分为交互型虚拟数字人和非交互型虚拟数字人两类。其中，交互型虚拟数字人能够与用户进行多回合交互，而非交互型虚拟数字人则不具备交互性，只能够单纯地显示根据文本生成的内容。

交互型数字人可以分为智能驱动型数字人和真人驱动型数字人两类。其中，智能驱动型数字人可以自动读取并分析外界信息，根据分析结果输出文本，进而完成与用户的互动。而真人驱动型数字人可以借助动作捕捉系统将真人的表情、动作通过虚拟数字人呈现出来，从而完成交互。

在技术升级的驱动下，与早期的二次元虚拟偶像相比，如今的虚拟数字人已经有了突破性的发展。它们从外形到交互方式都有了跨越式升级，具有更逼真的外表、更流畅的动作、更善解人意的大脑等，将为用户带来更自然、逼真的沉浸式体验。

✦ 逐步发展，风格走向拟真

2020 年年末，韩国一家娱乐公司推出一个名为“Aespa”的 8 人女子组合，这个组合由 4 名真人成员和 4 名虚拟数字人组成。这家娱乐公司的创始人在世界文化产业论坛上称 Aespa 是一个超越现实与虚拟边界的创新组合，成员们将通过数字手段互动、合作、成长。

这并非虚拟数字人首次出现在大众视野里。2018 年，虚拟偶像组合 K/DA 为《英雄联盟》献唱单曲《POP/STARS》，相关视频在油管（Youtube）上的播放量破亿，在哔哩哔哩（简称“B 站”）上也诞生了多个播放量超百万的衍生视频。

从洛天依开始，虚拟偶像逐渐走入大众视野。经二次元、游戏、音乐等行业的传播，虚拟偶像已经逐渐从小众走向大众。近两年，虚拟数字人更加火爆，应用场景也不再局限于音乐、游戏等。2022 年北京冬奥会上，体育明星谷爱凌的数字分身“Meet Gu”、3D 手语数智人“聆语”、AI 虚拟气象主播“冯小殊”等虚拟数字人纷纷上岗就业。

这些虚拟数字人让大众对人工智能有了更深入的认知。以前虚拟数字人只是一个好看的虚拟形象，而现在的虚拟数字人可以与人们对话、交流，甚至面对面互动。这种愈发拟真化的风格为“人与虚拟”的互动增添了不少新玩法。

1. 赋予真人数字身份

从虚拟数字人在娱乐行业的应用来看，“为真人赋予数字身份”成了综艺节目的新玩法。美国综艺节目《第二自我》（*Alter Ego*）采用类似“蒙面歌王”的比赛机制，只不过这个节目不是让参赛选手戴上面具，而是利用 VR/AR 等技术捕捉参赛选手的实时动作，再以虚拟数字人的形象同步呈现到舞台上。观众只能看到一个个虚拟数字人在舞台上高歌热舞。这种比赛机制打破了性别、样貌、身材等对参赛选手的限制，更大程度地聚焦、放大选手的才华，让观众可以更好地沉浸其中。

2. 迸发出更多决策引导力

2021 年 9 月，超写实数字人“AYAYI”入职阿里。这个 3D 仿真数字人凭借着与真人相近的外貌与丰满的人设，在小红书收获了一大批粉丝。

除了 AYAYI 外，在国内外的社交媒体上还有很多人设、相貌、风格都极为拟真的“数字博主”，例如美国博主 Miquela、日本博主 imma 以及超写实博主 Reddi 等。他们都吸引了一批粉丝群体，并会积极发帖，与粉丝互动。

除了与粉丝互动外，虚拟数字人还可以向粉丝推荐数字产品，成为数字产品的 KOL（Key Opinion Leader，关键意见领袖）。消费者在这些虚拟数字人的号召下，更容易被影响，从而做出消费决策。

3. 激发人们的创作灵感与动力

2021 年 6 月，视觉艺术制作公司光圃（Lightfarm）与三星共同推出了虚拟助手“Sam”。这个虚拟人物身着印有三星标志的服装，拿着三星手机并戴着三星智能手表。

然而，4 天后，官方却删除了发布虚拟助手的原帖。这一举动引起了网友对 Sam 形象的再创作热潮，人们纷纷凭借自身喜好设计新的 Sam 形象，例如战斗天使阿丽塔，将个人情感投射其中。

当前，虚拟数字人呈现出逐渐拟真化的发展趋势，不仅形象与真人越来越接近，而且行为方式、互动方式也更加接近真人。在未来，也许我们会处于一个人类与虚拟数字人共存的世界中，公共场所的服务人员、电视上的明星，甚至我们身边的同事都可能是虚拟数字人。

多元应用：虚拟数字人与现实融合

当前，虚拟数字人已经在现实中的诸多场景中实现了应用，与现实生活实现了融合。在金融领域，虚拟数字人可以化身虚拟员工，为客户提供贴心服务；在娱乐领域，虚拟数字人可以以虚拟偶像出道，引发万千粉丝欢呼；在传媒领域，虚拟数字人可以作为虚拟主持人，代替真人主持各种节目。

✦ 虚拟员工进驻多企业，解放人工

在数字化发展的大趋势下，很多企业为了推动数字化转型，将虚拟数字人作为虚拟员工引入工作场景中，为客户提供多样的智能服务。

虚拟员工可以在多样的场景中完成各种工作。例如，在大型商场、酒店中，虚拟员工可以提供咨询和指引服务；在银行、政务大厅中，虚拟员工可以协助客户办理各种业务。此前由人工完成的多种工作，企业都可以交给虚拟员工来做，在降

低人工成本的同时也能够提高工作效率。

虚拟员工的应用并不是一种想象，当前，已经有虚拟员工正式上岗了。浦发银行和百度就联手推出了我国首个银行虚拟员工“小浦”。

小浦无疑是一名出色的员工。她可以自然地和客户聊天、了解客户需求、对客户进行风险评估，并有针对性地向其推荐理财产品。依托于人工智能技术，小浦学习了大量的金融知识，能够在工作中展现出很强的智能性和专业性。

随着虚拟数字人技术的不断发展，其功能也变得更加强大。除了单方面输出内容外，虚拟数字人还能够和人们进行交互，根据人们的需求输出专业性内容。在金融领域，作为虚拟员工的虚拟数字人能够为人们提供贴心的服务。

除了作为优秀员工完成日常工作外，虚拟员工还可以成长为企业 IP。例如，欧莱雅就推出了虚拟偶像“欧爷”。

作为欧莱雅出色的虚拟员工，欧爷主要负责企业的公关事务，且拥有不同的身份。如在《欧爷百事通》栏目中，欧爷作为“新闻部长”，会及时发布最新的美妆动态；在《欧爷说成分》栏目中，欧爷作为“成分党专家”，会讲解化妆品成分的秘密。通过美妆新闻、化妆品成分等内容的分享，欧爷能够为人们提供专业的多样化内容。在内容持续分享的过程中，欧爷的形象不断丰满，也与更多消费者建立起了信任关系，最终成长为具有影响力的企业 IP。

可见，对于企业来说，布局虚拟员工不仅能够降低人工成本、提升工作效率，还能够建立与消费者沟通的渠道，打造企业虚拟 IP。未来，随着虚拟数字人在更多企业中的应用，虚拟员工的应用将成为常态，而企业也将享受到更多的虚拟数字人发展的红利。

✦ 化身虚拟偶像，引众人关注

在大众对于元宇宙的未来尚不清晰时，虚拟偶像成了连接虚拟和现实的纽带，展示了元宇宙中的娱乐场景。站在元宇宙的风口上，虚拟偶像实现了快速发展。

2021 年 10 月，一个新诞生的虚拟偶像火爆出圈，她就是“柳夜熙”。其在抖音上发布的第一条短视频就吸引了巨大流量，创造了 1 天涨粉 135 万、1 周涨粉 430 万的惊人效果。

这条 2 分 8 秒的短视频以精彩的故事吸引了众人的关注。故事一开始，正在化妆的柳夜熙吸引了围观人群的关注，众人议论纷纷中，一个小男孩勇敢地走上前询问柳夜熙是谁，而突然出现的鬼怪将故事推向了高潮，柳夜熙猛然出手，将鬼怪消灭后回答了小男孩的问题：“我叫柳夜熙。”短视频用简短的故事交代了柳夜熙身处于一个人妖共存的虚拟世界，同时表明了其“会捉妖的虚拟美妆达人”的人设。

凭借这条短视频，柳夜熙一炮而红，成为新的流量收割机。为什么柳夜熙能够迅速走红？从人物设定上来说，“会捉妖的虚拟美妆达人”这个人设集合了美妆、元宇宙等多个热门元素，拥有巨大的营销优势。从人物表现方面来说，当前市场中虚拟数字人的展示方式以静态图片为主，而柳夜熙借视频进行了更全面的展示：短视频以完整的故事背景和流畅的虚拟数字人交互创造了更强烈的真实感和氛围感。

同时，以发展的眼光来看，柳夜熙差异化的人设使得其可以跨越虚拟数字人和美妆两个领域，在两个领域融合的细分赛道上打造竞争优势。为虚拟数字人设定一种赢利模式是十分重要的，而柳夜熙在诞生之时就已经锁定了赛道：以美妆达人征战美妆领域。这意味着柳夜熙在未来有稳定的赢利方向。

经过两个月左右的发展，截至 2021 年 12 月末，柳夜熙在抖音的粉丝数量已经突破 800 万。除了粉丝暴涨外，具有科技元素的中国风妆容也吸引了众多美妆达人的关注和模仿。在抖音上，“挑战柳夜熙仿妆”“当美妆遇上元宇宙”等话题中聚集了大量柳夜熙短视频的二次创作内容，并获得了数亿次的播放。这大大提升了柳夜熙的影响力。

柳夜熙的火爆并不是偶然，伴随着元宇宙的火热发展，虚拟偶像市场迎来了爆发。除了柳夜熙外，虚拟关键意见领袖（KOL）AYAYI、花西子的虚拟代言人“花西子”等诸多虚拟偶像频频亮相,《北京商报》的统计数据显示，在 2021 年 10 月，半个月内市场中就出现了 6 名新兴虚拟偶像。

在新的时代下，蓬勃发展的虚拟偶像逐渐成为新一代超级明星，在文娱内容创造、品牌代言、商品营销等方面发挥着越来越重要的作用。未来，这些虚拟偶像或许能够和真人偶像一样，成为商业营销的重要 IP。

✦ 化身虚拟主持人，主持、播报样样精通

2022 年元旦假期期间，一档名为《你好，星期六》的电视节目接棒《快乐大本营》登陆湖南卫视，吸引了众多观众的关注。在节目首秀当晚，与真人主持人共同主持节目的虚拟主持人“小漾”登台亮相，成为节目的常驻主持人。

小漾的名字取自英文“young”（年轻的），寓意青春和活力。她将作为湖南卫视的实习主持人开启自己的职业生涯。在《你好，星期六》节目中，小漾不仅可以流畅地进行主持工作，还会自然地和其他主持人或嘉宾互动，展示出了活泼可爱

又风趣幽默的形象。小漾的主持给节目带来了不少亮色，同时这种虚拟主持人和真人主持人组合的主持形式也给观众带来了新鲜感。

除了湖南卫视外，中央广播电视总台、济南广播电视台等传媒机构也推出了虚拟主持人。相比于真人主持人，虚拟主持人拥有诸多优点。

首先，全天候主持。现实生活中，真人主持人会不可避免地产生口误，在长时间的主持活动中，也难免会感到疲惫。而虚拟主持人可以全天候待命，不会口误和疲惫，能够根据工作需要高质量地完成工作。

其次，多语种播音。在传媒领域，能够进行多语种播报的主持人无疑是稀缺人才，而借助 AI 技术，虚拟主持人能够轻松实现多语种播报。这能够大大节省新闻播报的人力和物力。

最后，规避道德风险。现实生活中真人主持人可能会出现道德风险，导致其所主持的节目口碑下滑的现象。而虚拟主持人的一大优势就是“不会翻车”，能够规避真人主持人在道德方面的风险，提高节目的稳定性。

当前虚拟主持人在传媒领域的应用已成为趋势。未来，随着大数据分析和自然语言生成、人工智能识别等技术的发展，会产生更智能的虚拟主持人。到那时，除了智能播报外，虚拟主持人还能够进行智能写作、剪辑、导播等多项工作。

✦ 化身虚拟老师，陪伴、教育两不误

随着元宇宙概念的升温，虚拟数字人一度成了热议话题。从虚拟歌手洛天依到虚拟偶像柳夜熙，再到北京冬奥会上的虚拟人大军，虚拟数字人已遍布娱乐、传媒、服务等各个领域。如今，在教育领域，虚拟数字人也有了探索与落地。

2022 年 2 月，开学的第一天，河南开放大学的一位名叫“河开开”的虚拟老师出现在学生们的视野中。

这位虚拟老师刚一上线就刷屏网络。河开开老师身穿藕粉色西装，职业感十足。她有着精致的发型、淡雅的妆容以及温柔的声音，凭借自身的独特魅力吸引了大家的眼球。

河开开老师在生活中并没有真实的人物原型，她的外貌是根据学校多位女老师的形象在程序上调试出来的。目前，河开开老师主要在学校负责主播工作，向全省播报学校的教育教学等工作。未来，河开开老师还会更换更多造型，并负责远程答疑、教学助理、双师协同教学等更多工作。

近几年，受新冠疫情的影响，很多学校都采取了网络授课的方式。这让虚拟老师大有可为，可为教学工作贡献独特的

力量。

1. AI 互动课多学科全面渗透

AI 互动课是当下一种炙手可热的教学方式，它采用“AI 虚拟老师 + 真人老师辅助授课”的教学模式，通过游戏化闯关模式进行教学，提升学生们的学习兴趣和掌握知识的能力。AI 互动课覆盖多个学科，语文、英语、美术等 AI 互动课应有尽有。

2. 课程趣味性、互动感优于传统课程

传统线上课程缺乏互动性，学生特别是低年龄段的学生容易出现上课走神的情况。如何吸引学生，使其集中注意力，几乎是每位老师在上网课时遇到的难题。虚拟老师在语音合成、语音表情驱动等技术的加持下，可以自然展现各种表情、动作，完整呈现线下授课情景，并生成多样化的教学背景，提升教学趣味性，从而调动学生的学习积极性。

3. 优质课程数量翻倍

教育资源不平衡的问题在我国一直存在，其中最大的一个原因就是优质师资力量薄弱且分配不均。虚拟老师的出现则可以很好地解决这个问题。借助虚拟数字人，我们可以打造名师的数字分身，让名师同时在多个地方讲课，扩大优质课程的覆盖范围，从而均衡教育资源。

虚拟老师的出现丰富了教学情景，且为教育、教学提供了多样化的工具，让传统课程更加有趣，让距离和时间不再是求学路上的障碍。

三

企业入局，抢占虚拟数字人先机

虚拟数字人领域聚集着众多企业，其从不同的角度出发推出虚拟数字人解决方案，推进虚拟数字人在多领域的应用。其中，百度、爱奇艺、次世文化等企业都是其中的翘楚。

✦ 百度：以 AI 技术发力虚拟主持人

“大家好，我是虚拟主持人晓央。今天为大家请来了参与三星堆遗址挖掘的青年考古工作者，一起去听他们说说三星堆的那些故事。”2021 年 5 月 4 日，在中央广播电视总台《奋斗正青春——2021 年五四青年节特别节目》中，虚拟主持人“晓央”惊艳亮相，完成了一场精彩的主持。

晓央来自百度，是百度智能云平台推出的虚拟主持人。在主持的过程中，晓央语言流畅、动作自然，主持水平不输真人。而晓央的出色表现体现了百度智能云的 AI 优势。

在形象方面，百度智能云采用了影视级的 3D 制作技术，使虚拟数字人更加真实和美观。在此基础上，百度智能云团队基于对大量面部特征、表情、体态的研究，总结出了不同虚拟数字人的人设和形象规范，能够针对不同的客户需求有针对性地设计虚拟数字人。

在行为方面，百度智能云借助 AI 技术进行了长期的人像驱动绑定调整，实现了精准的面部预测，提升了虚拟数字人口型生成的准确度，使得虚拟数字人表情更生动、动作更自然。

在应用场景方面，百度智能云推出的虚拟数字人支持文本驱动、语音驱动、真人驱动等，大大降低了虚拟数字人的使用门槛和成本。这使得虚拟数字人能够在金融、传媒等行业实现更广泛的应用。

2021 年年初，百度研究院基于对未来的科技预测，表示虚拟数字人将大量出现并在更多方面服务于我们的生活。而百度智能云也推出了虚拟数字人运营平台，将结合其 AI 能力，为客户提供低成本、高质量的虚拟数字人内容生产服务，帮助更多企业建立、运营自己的虚拟代言人。

✦ 爱奇艺：以内容优势打造虚拟乐队

2021 年 4 月，蒙牛随变冰激凌宣布了新的代言人——虚拟乐队 RICH BOOM。这个陪伴“90 后”成长的美食，将以这个极具个性的虚拟乐队展示自己的态度和青春活力。

RICH BOOM 是爱奇艺推出的原创虚拟乐队，包括主唱 K-ONE、吉他手兼说唱歌手胖虎、女鼓手 RAINBOW、小个子贝斯手 PAPA、打碟机器人 P-2 和音乐制作人 Producer C。

聚焦娱乐领域推出虚拟乐队无疑展现了爱奇艺在娱乐领域的优势。凭借强大的内容资源，爱奇艺迅速提升了 RICH BOOM 的曝光率。在“爱奇艺尖叫之夜”舞台上，RICH BOOM 以全息影像惊艳亮相，给观众带来了别样的视听惊喜。此后，RICH BOOM 开始在爱奇艺各大自制节目中串场，登上了《乐队的夏天》《中国新说唱》等多个舞台。在不断地曝光和演出中，RICH BOOM 积累了大量粉丝，逐渐成长为更具商业价值的虚拟偶像团体。

而 RICH BOOM 也为爱奇艺带来了可观的回报。他们可以像真人明星一样拍摄杂志封面、联动服装品牌，为农夫山泉、蒙牛等品牌代言，为电视剧、综艺节目等演唱主题曲。几乎所有能够在真人明星上实现的变现途径，都可以在 RICH BOOM 中复刻一遍。

同时，相比真人明星，RICH BOOM 避免了人设翻车的风险，同时在确定了最初的人设后，RICH BOOM 也可以在今后的成长中不断丰富、细化人设，形成更具拟人化的个性表达。他们能够承载粉丝的美好信念，与粉丝进行情感交互，从而形成稳固、安全的信任关系。这在粉丝经济时代是十分重要的。

爱奇艺布局 RICH BOOM 并不只是将其打造成为虚拟偶像组合而已，而是希望在不断地宣传推广中形成稳固的 IP。围绕 RICH BOOM 这一 IP，爱奇艺不仅会推出优质的音乐，还将推出 IP 衍生的动画、游戏和周边产品等，实现 IP 价值的最大化变现。

在虚拟数字人的布局方面，爱奇艺已经打通了虚拟数字人制作、营销、变现的全流程，而 RICH BOOM 的运营成功也彰显了爱奇艺在虚拟数字人打造、运营方面的能力。在这一趋势的引领下，未来可能会出现更多的原创虚拟偶像，娱乐行业也将大放异彩。

✦ 次世文化：聚焦虚拟 IP 打造与运营

得益于元宇宙概念的火爆和自身过硬的业务能力，从 2020 年 10 月至今，虚拟数字人生态公司次世文化已经完成了 3 轮融资，如表 5–1 所示。

表 5-1 次世文化近 3 次融资历程

融资轮次	融资时间	融资金额	投资方
Pre-A 轮①	2020 年 10 月 21 日	数百万美元	顺为资本
A 轮	2021 年 7 月 26 日	500 万美元	创世伙伴资本 顺为资本
A+ 轮	2021 年 10 月 26 日	数百万美元	网易资本 动域资本 顺为资本 创世伙伴资本

资本看好次世文化，除了受元宇宙的影响外，还因为次世文化展示出了过硬的能力。其深耕虚拟数字人内容赛道，推出了诸多虚拟数字人产品。

次世文化旗下的产品可以分为三类。第一类是为真人明星打造“虚拟明星形象”，推动明星与个人虚拟 IP 的联动，除了能为粉丝带来更有想象力的衍生品外，也创新了内容营销的方式。第二类是推出自主研发的虚拟数字人，通过公司强大的运营能力将其打造为具有强大影响力的 KOL。第三类是帮助其他品牌开发虚拟 IP 形象，运营虚拟代言人。

其中，次世文化推出的超写实的虚拟 KOL“翎 Ling”受

① A 轮之前的融资，一般介于“天使轮融资”和“A 轮融资”之间。——编者注

到了广泛关注。

翎 Ling 的外貌极具东方特色，具有很高的辨识度。除了精致的容貌外，翎 Ling 还十分热爱传统文化，具有明确的人设。2021 年年初，翎 Ling 登上了央视综艺《上线吧！华彩少年》的舞台，为观众们带来了京剧选段《天女散花》，惊艳全场。同时，聚拢了大量目光的翎 Ling 也展现出了她的商业价值，自出道以来，翎 Ling 已经和奈雪的茶、100 年润发等品牌达成了合作。

和其他关注虚拟数字人技术的企业不同，次世文化于内容处发力，布局了虚拟数字人形象设计、人设打造、持续运营和商业变现的全路径，形成了专业、完善的虚拟数字人运营方案。这也展示了企业入局虚拟数字人领域的路径多样性。但不论从技术入局还是从内容入局，企业都要做到聚集自己的核心能力，打造自己的竞争优势。

第六章

游戏+元宇宙：描绘元宇宙虚拟世界蓝图

自元宇宙火爆于市场之后，其与游戏的关系也日益紧密。许多游戏已经融入了创作工具、完善的经济系统等，展现了元宇宙的雏形。同时，基于二者之间的相似性，游戏领域也成为众多企业入局元宇宙的核心赛道。

一

游戏 vs 元宇宙

游戏与元宇宙存在诸多共性，能够为元宇宙的发展提供无限扩展的虚拟空间、用户需要的虚拟化身等。因此，游戏能够为元宇宙提供发展的基础。当前，沙盒游戏已经展现了元宇宙的雏形，以沙盒游戏为起点搭建元宇宙，是元宇宙发展的可行路径。

✦ 游戏具有多样的元宇宙基因

企查查数据显示，2021 年和元宇宙相关的商标注册申请超过 1 万个，涵盖各行各业。其中，游戏领域的元宇宙商标申请呈爆发趋势，腾讯注册了“腾讯元宇宙”“王者元宇宙”等商标，网易注册了网易元宇宙、伏羲元宇宙等商标，中青宝注册了“元宇宙游戏”“中青宝元宇宙”等商标，米哈游注册了“米宇宙”商标，越来越多的游戏公司开始布局元宇宙业务。

为什么元宇宙概念受到了诸多游戏公司的青睐？游戏和

元宇宙在很多方面都十分相似，同时也展示了通往元宇宙的一种可行路径：借助提供虚拟身份、虚拟空间、经济体系等的游戏产品，更容易搭建起元宇宙的雏形。

一般来说，大型游戏往往都具备以下特征。

（1）提供虚拟身份：游戏能够赋予玩家一个虚拟身份，以便玩家在虚拟世界里活动。同时，定制化、形象化的虚拟身份能够让玩家产生更多代入感。

（2）强社交性：玩家凭借在游戏中的长久社交活动能够形成个性化的社交网络。同时，玩家可以在游戏中和其他玩家交流、协作游戏、共同参加活动等。

（3）自由创作：一些大型游戏，尤其是沙盒游戏支持UGC创作，用户可以在其中自由释放自己的创造力。同时，在用户共创的过程中，虚拟世界的边界得以拓展，内容也不断丰富。这与元宇宙的拓展性十分相似。

（4）沉浸式体验：游戏是元宇宙主要的内容载体。游戏中的虚拟身份、虚拟场景和玩家在游戏过程中建立起来的社交关系等都会带给玩家一种沉浸感，同时，一些游戏借助VR设备，能够将玩家带到虚拟的游戏世界里，为玩家提供更真实的沉浸式体验。

（5）经济体系：许多游戏都搭建了较为完善的经济体系，

玩家可以通过活动获得回报，创造的虚拟资产也可以在游戏中流通。

在以上多方面的助力下，大型游戏更具有形成元宇宙的基因，而其中的开放世界游戏和沙盒游戏，从不同角度展示了基于游戏打造元宇宙的方法。

开放世界游戏能够为玩家提供高沉浸感和自由度的探索体验。以开放世界游戏《塞尔达传说：旷野之息》为例，其打造了一个细节丰富、高度自由的虚拟世界，支持玩家在其中自由探索。

在游戏中，玩家看到的每一个场景、每一个角落，都是游戏设计师精心设计的，玩家可以在探索这个虚拟世界的过程中不断地发现惊喜。同时，玩家在游戏中不仅能探索世界和战斗，还能够种地、做饭、摆摊等，自由地和其他玩家互动。

开放世界游戏在虚拟世界的拟真度和玩家的自由度方面十分具有优势，同时也存在可探索的地图有限、缺乏玩家创造等不足。未来，随着游戏引擎技术的持续升级，开放世界游戏有望展现出更真实的渲染效果和更丰富的细节，同时赋予玩家创造的能力，在诸多玩家的共同创造中不断拓展游戏边界，实现真正意义上的开放世界，从而向元宇宙进发。

沙盒游戏则融入了创意玩法，为玩家提供自由创造的工具和空间。以沙盒游戏《我的世界》为例，玩家可以在随机生成的虚拟世界中自由探索，通过采集矿石、战斗等方式收集各种资源和工具。同时，借助这些资源和工具，玩家可以自由创造各种建筑物或艺术品，也可以和其他玩家合作进行共同创造。《我的世界》以其自由的创作空间吸引了大量玩家，并聚集了海量优质创意资源。

凭借可创造性，沙盒游戏能够形成强大的 UGC 生态，形成长久的产品生命力。同时基于 UGC 生态，沙盒游戏可以不断拓展边界，形成一个不断扩张的生态系统。沙盒游戏满足了元宇宙的可延展性，具备元宇宙形成的基因。以沙盒游戏为基础融入更多的元宇宙元素、展现更多的场景和空间，是走向元宇宙的可行发展路径。

总之，从游戏到元宇宙展现出了相对清晰的发展路径。以当下游戏产品为基础，逐渐补足其所欠缺的元宇宙元素，能够更快走向元宇宙。

✦ 去中心化游戏搭建元宇宙运行体系

以发展的眼光来看，游戏为元宇宙提供了萌芽的基础，同时，相比传统的中心化游戏，去中心化游戏更接近元宇宙的初级形态。

元宇宙中存在完善的身份体系和价值体系。身份体系指的是在互联网中，人们能够以一个账号进行各种活动，如在进行网上社交时，可以申请社交账号，在网上购物时，可以申请购物账号等，同时不同的账号和人们现实中的身份密不可分。

元宇宙中的身份体系和当前人们在互联网中的身份体系不同。在元宇宙中，用户的身份是完全虚拟的，这个虚拟的数字身份不是因为社交、购物等需求才创建的，而是基于元宇宙的体验创建的。同时，元宇宙中的数字身份可以作为一个相对独立的个体长期存在，用户也可以以这个数字身份建立新的社交关系，进行娱乐、购物、创造等各种活动。

价值体系指的是元宇宙的经济体系和运行规则。在完善的价值体系下，用户可以在元宇宙中通过创作获得收益、可以和其他人进行公平的交易，也可以在其中消费不同的商品。此外，用户在元宇宙中的虚拟资产也会得到保护。

一般游戏也有身份体系和价值体系，但和元宇宙中的身份体系和价值体系有很大区别，原因就在于这些游戏中的身份体系和价值体系是中心化的。

以身份体系为例，玩家可以在一般游戏中选择多种角色，也可以通过捏脸、换装等打造角色特色，但游戏中的整个身份体系是预先设定好的，玩家的自由度十分有限。并且，中心化意味着玩家的一切账号数据、行为数据等都掌握在运营商的手中，理论上来说，运营商可以删除玩家的账号信息。在这种模式下，玩家的游戏身份是否存在，是由运营商决定的。

在价值体系方面也是如此。一般游戏中有什么样的道具、不同的道具售价多少等都是由开发商决定的，玩家只能在这个价值体系中进行交易。同时，玩家在游戏中的虚拟资产也无法得到保障，一旦游戏被关闭，玩家的虚拟资产也不复存在。

而元宇宙是去中心化的，其中没有提前写好的剧情、没有限定的可供选择的角色、没有必须要完成的任务，也没有探索的终点。从早期的开荒拓土，到之后的创造和各种玩法，都由用户自己自由发挥。同时，在身份体系和价值体系方面，元宇宙也避免了中心化平台的控制，能够为用户提供更自由的体验和更强大的资产安全保障。

这也是 Roblox 这款游戏大受欢迎的重要原因。区别于中心化的一般游戏，Roblox 采用了去中心化的运行模式，更加接近元宇宙的初级形态。以其中的价值体系为例，基于其中流通的虚拟货币 Robux，玩家可以为自己创造的道具和游戏定价，并和其他玩家交易，以此获得收益，也可以自由消费或兑换 Robux。在这种价值体系下，玩家拥有了更多自主权。

在元宇宙中，身份体系是一种新的社会关系，价值体系是一种新的生产关系，二者的建立有利于元宇宙的长久稳定运行。从这个角度来看，去中心化游戏更接近元宇宙的运行模式。

✦ 游戏 + 会议：打造沉浸式会议场景

你有没有想过有一天可以在古代参加一场人工智能学术会议？这样看似不可能发生的事在网易伏羲实验室的沉浸式会议系统中成了现实。2020 年 10 月，第二届国际分布式人工智能学术会议在网易游戏《逆水寒》中举行。各国人工智能领域的专家、学者得以“穿越”到虚拟世界中，交流前沿的 AI 技术。

在此次会议中，网易伏羲实验室实现了演示文稿（PPT）嵌入式播放、语音聊天、分会场自由切换等会议功能，并将会议场景与《逆水寒》的古风场景自然融合在一起，让参会者仿佛置身古代参加学术会议。

1. 场景真实还原

为了与线下会议更接近，网易伏羲实验室在系统中设计了学术讨论、论文墙展等互动环节。其中论文墙展是普通的视频会议完全无法实现的，而在网易伏羲实验室的沉浸式会议中，参会者可以仔细阅读论文内容，也可以自然地用语音或文字交流科研经验。

2. 细节丰富，沉浸式体验

除了可以进行学术讨论，网易伏羲实验室还精心设计了其他环节，进一步提升了参会体验。

首先,《逆水寒》的古风江湖场景可以向世界各地的参会者展示和宣传中华文化。其次，每位参会者可以自由设定自己的虚拟形象，选择自己喜欢的发型和服饰。再次，在中场休息时，参会者还可以观赏舞者和乐师的表演，如果想去别的会场，可以找到守卫 NPC，实现一键传送。最后，在会议结束时，会场中会燃放烟花，画面细节丰富，沉浸感十足。

除此之外，网易伏羲实验室还为每位参会者准备了两张照片作为纪念。一张是根据真人照片智能生成的虚拟个人形象照，另一张是全员的虚拟形象大合照，这进一步丰富了参会者的体验。

网易伏羲实验室在本次沉浸式会议中使用了云游戏技术，参会者不需要下载客户端，只需要通过网页在线登录，就能快速进入会议系统，省去了操作上的麻烦。

未来，与云游戏结合的沉浸式会议系统还会拥有更大的商业空间。例如网易伏羲实验室的沉浸式会议系统可以根据活动要求实现风格、场景的定制，从而可以更好地应用于教育、文旅、婚庆等场景，是非常有商业价值的云游戏落地方案。

元宇宙游戏市场竞争激烈，布局动作不断

作为元宇宙的核心赛道，游戏领域吸引了众多企业的关注。这些企业或通过投资调整战略，或通过元宇宙游戏产品抢占先机，纷纷抛出自己的“撒手锏”。

✦ 老牌游戏玩家入局，开启元宇宙游戏抢位战

游戏一直被视为元宇宙落地应用的第一个场景，这是因为元宇宙的核心构成要素，如沉浸感、身份感、交互感等在游戏中都得到了充分的体现。因此，游戏行业也成为各大企业关注的焦点。

在国外，除了元宇宙第一股 Roblox 外，谷歌、微软、迪士尼等企业也纷纷布局元宇宙游戏赛道；在国内，腾讯、网易、字节跳动等游戏玩家入局，开启元宇宙游戏抢位战。

例如，微软有意向收购游戏开发商动视暴雪，交易价值预计高达 687 亿美元；字节跳动收购 VR 设备商小鸟看看，投

资代码乾坤研发了《重启世界》；网易推出沉浸式活动平台“瑶台”，即将上线首款元宇宙游戏；世纪华通推出元宇宙游戏《LiveTopia》，月活跃用户人数达4000万。

在游戏入口方面，目前元宇宙游戏入口呈现多元化发展趋势。除了VR、AR等常见入口外，触觉手套、体感服、智能眼镜等为用户带来了更多维度的交互体验。

在游戏设计方面，除了一般的单人/多人游戏模式外，还有更具创意和社交属性的游戏模式。

在内容创作方面，游戏社区在AI技术和无代码工具的支持下，开发难度进一步降低，游戏内容井喷式爆发，且更加偏向用户创作。

元宇宙就像一个包罗万象的“主题公园”，具备游戏产品研发能力的游戏公司可以快速在主题公园里推出游戏项目、娱乐设施。同时，元宇宙主打的沉浸式体验也是许多游戏追求的终极体验。虽然目前受技术水平的限制，我们还无法打造出一个完全沉浸式的元宇宙虚拟世界，但从未来发展来看，从硬件、软件两方面共同发力，是抢占元宇宙游戏赛道的最佳选择。

✦ 微软收购动视暴雪，加快业务转型

2022年1月，微软发布声明，将以687亿美元的价格收

购全球顶尖游戏公司动视暴雪，打破了全球游戏史上的收购金额纪录。微软表示，此次收购将加速公司移动、PC、云端等方面游戏业务的增长，为发力元宇宙提供基石。

此次收购背后的动因是什么？游戏与元宇宙在诸多方面存在契合性，这使得很多企业在布局元宇宙时都会从游戏方面入手。而作为全球顶尖的游戏公司，动视暴雪在游戏领域具有诸多优势。

一方面，动视暴雪是全球知名的游戏发行商，业务涉及主机游戏、PC 游戏、手机游戏等诸多方面，在长期的经营中积累了大量用户，月活跃用户超过 4 亿人。同时，在海量用户的长期活跃下，其也形成了成熟的游戏社区。另一方面，动视暴雪旗下有《魔兽世界》《守望先锋》《糖果粉碎传奇》等知名游戏产品，形成了强大的游戏 IP 矩阵。凭借动视暴雪的这些优势，此次收购将大大提升微软的元宇宙竞争力。

微软收购动视暴雪后，将大大丰富自身游戏业务，完善自身游戏创作、发行和运营的生态。此外，结合动视暴雪的强大 IP 资源，微软的元宇宙产业也将得到进一步发展。

✦ 中手游以 IP 优势打造元宇宙游戏

中手游董事长兼 CEO 肖健曾在线上与投资者交流时，公布了“仙剑元宇宙”的具体规划。“仙剑元宇宙”以自研产品《仙剑奇侠传：世界》为依托，目标是打造虚拟与现实相互融合的元宇宙世界。肖健在会上表示,《仙剑奇侠传：世界》将是国内首个开放、具备国风元素的元宇宙游戏，同时还提供 VR 深度体验，支持玩家借助 VR 设备化身虚拟角色去体验仙剑世界。

《仙剑奇侠传：世界》是一款基于《仙剑奇侠传》IP 世界观打造的沉浸式开放世界游戏。研发团队依托在 VR 技术、开放世界角色扮演游戏开发等方面的研究基础，为玩家提供差异化的沉浸式体验。玩家可以根据自己的“想法”选择在“仙剑世界”中的生活方式，按照自己的意愿探索世界。

同时，玩家还能借助 VR 设备化身虚拟角色走进“仙剑世界”，与好友一起游历，和仙剑世界中的环境进行交互，亲身体验“御剑飞行”，甚至可以和好友在游戏世界来一场沉浸式剧本杀。

此外，在《仙剑奇侠传：世界》中，玩家们还能在游戏中的虚拟演出上，结识身处于不同地域的伙伴，跨越物理空间的限制。玩家不仅能享受如置身现场般清晰、美妙的音乐，还能与来自五湖四海的朋友进行多种形式的互动。

过往《仙剑奇侠传》系列中经典的御灵玩法，在《仙剑奇侠传：世界》也得到了延续。《仙剑奇侠传：世界》中的御灵玩法融入了 NFT 技术，玩家拥有的每一只御灵都是独一无二的，这些御灵可以作为数字藏品进行收藏或赠送。

一直以来，用户创造都被认为是元宇宙必须具备的核心要素之一，Roblox 大火的原因就是其拥有完善的 UGC 生态。玩家可以自由发挥想象力，不受规则限制，从而不断产出全新且有趣的内容，保证内容源源不断地供给。《仙剑奇侠传：世界》中也存在类似的内容生态，而且还向玩家提供了低门槛的 UGC 编辑器，让广大玩家可以轻松进行内容创作。而玩家在游戏内所创作的内容，都将转化成为“数字资产”。

《仙剑奇侠传：世界》在虚拟经济生态方面也做了布局，玩家可以在其中购买土地、建造房屋，还可以在商业街区租赁经营店铺，出售自己创造的皮肤、宠物等资产。

肖健还表示，仙剑元宇宙中的所有内容，都会在现实中与玩家相遇，例如，线上和线下联动的虚拟演出等，虚拟场景会逐渐与现实场景进行更多的融合。

三

发展方向：游戏向元宇宙演化

当前，具备元宇宙元素的游戏越来越多，元宇宙成为游戏发展的新方向。在这方面，极具创造属性的沙盒游戏和可承载更多内容的云游戏都将在未来逐渐走向元宇宙。

✦ 沙盒游戏：满足元宇宙的延展性要求

普通游戏与元宇宙游戏有什么不同？答案就是内容的体量。普通游戏的内容是有边界的，而元宇宙游戏的内容是可以无限延伸的，玩家可以在其中自由探索。而现在，极具创造性的沙盒游戏就可以满足元宇宙的延展性要求。

受新冠疫情影响，许多人已经在异地度过了 3 个春节。受限于物理世界中的各种因素，现在的春节年味越来越淡，这使得去虚拟世界里寻找年味成为人们春节中的新娱乐项目。

2022 年 1 月，《迷你世界》上线了“大唐中国年”新春版本，全面为用户呈现唐朝年俗风情，让用户可以“穿越”到盛唐时期，获得别具一格的过年体验。《迷你世界》不仅让那些因新冠疫情而不能在线下见面的用户在线上团聚，还用线上的补充场景，如花灯、篝火、烟花等，弥补了线下缺失的年味，让用户沉浸式感受、探索大唐盛世。《迷你世界》的场景中融合了许多传统文化符号，例如气势恢宏的唐朝风格的建筑、华清池等历史古迹，呈现了一个细节丰富的大唐中国年。

《迷你世界》精心打造的场景也反映出其自研引擎的工具能力与服务能力。一个个虚拟场景组合成新的宇宙，其中不仅有现实场景的映射，也有原生场景。多样化的虚拟场景可以形成更丰富的游戏内核，不断扩展游戏价值的边界。

除了平台主导的大型场景外，在未来无边界的元宇宙世界中，生产大规模的内容还需要更多创作者的参与。腾讯高级副总裁马晓轶曾提出，内容升级是游戏发展的趋势，而 UGC 内容生态就是实现大规模内容生产的重要方法。这与《迷你世界》的发展战略十分吻合，每位玩家在《迷你世界》中都可以将自己的创意转化为虚拟场景和多样玩法。

这种开放战略使得用户拥有了游戏的主导权。《迷你世界》中优秀的 UGC 创作内容激增，相关数据显示，《迷你世界》中的内容创作者数量已经超过 7000 万，已经开发出超过 2 亿个场景内容。

除了提供内容外，《迷你世界》也开始对生态赋能。《迷你世界》自主研发的沙盒引擎、创作工具等，充分满足了用户的创造力和想象力。例如世界规则编辑器、载具系统、微缩方块系统、生物骨骼编辑系统等，让不同水平的用户都能根据自己的喜好进行自由创作。

用户创作的这些虚拟场景不仅延伸了游戏的边界，还使得用户与游戏建立了情感连接，使游戏沉淀为一种文化资产。

随着沙盒游戏等创造性游戏的不断发展，真实与虚拟已在逐渐融合。也许在未来，《头号玩家》中描述的那个光怪陆离的“绿洲”会在现实世界中出现。

✦ 云游戏：具备元宇宙发展的超强算力

元宇宙概念的出现引发多个行业的变革。从 Roblox 开始，游戏成为元宇宙最先落地的场景，而云游戏则被认为是实现元宇宙的关键路径之一。在此基础上，云游戏产业进一步升温，游戏体验也有了关键性提升。

在英特尔 2021 年度渠道解决方案峰会上，英特尔战略合作伙伴顺网科技展示了一份云游戏解决方案，在高性能边缘算力的基础上，实现了云游戏体验的升级。

据顺网科技介绍，该方案突破了本地硬件性能的限制，用边缘节点机房解决了延迟问题，实现了高效的算力分配。

顺网云游戏在提供高性能云服务的基础上，优化了网络环境，极大提升了用户体验。在强网环境下，延迟小于 0.5 毫秒；在弱网环境下，延迟小于 10 毫秒。此外，顺网科技在边缘基础设施、云游戏内容管理、串流技术等方面都拥有较强的技术，且愿意与行业其他企业共享，共同加速开拓云游戏市场，布局元宇宙。

顺网科技依托优势的网吧资源，组成分布广泛的边缘算力池，构成了云游戏发展的护城河。完善的算力基础设施，将进一步打破元宇宙壁垒，并且降低用户设备门槛，让更多用户得以进入元宇宙。

综观国内外市场，元宇宙赛道争夺战已逐渐进入白热化阶段，布局云游戏的重要性也日益凸显。甚至有人认为一旦错失布局云游戏的先机，就会在元宇宙的赛道上落后。可见，推动云游戏基础设施建设，成为元宇宙筑基之人，对企业布局元宇宙至关重要。

第七章

社交+元宇宙：沉浸式多元社交触手可及

在游戏的虚拟世界中，人们可以以虚拟身份进行社交活动，结识新朋友。而元宇宙与社交的结合不仅可以提供更沉浸的社交体验，还能够将更多现实中的社交活动搬到虚拟世界，使人们进行各种商务社交。未来，随着元宇宙与社交的进一步融合，更多现实中的社交场景将在虚拟世界中呈现。

一

元宇宙实现社交新功能

现实生活中，人们的社交活动可能会遇到各种障碍，如受限于地理距离，异地的朋友往往通过线上的文字、语音、视频等进行社交，缺乏社交沉浸感。而元宇宙与社交的结合则赋予社交更多功能，人们可以打破时空限制，在自由、沉浸的虚拟世界里进行多元社交。

✦ 突破时空壁垒，社交更自由

社交是一种以人为主体的活动，在社交过程中，社交场景的搭建是非常重要的，然而现实世界的社交场景受时间和空间的局限，存在边界。元宇宙的社交场景则可以打破时间和空间的局限，让分隔千里的两个人也可以拥有近在咫尺的亲密感。

麦肯锡公司的一项研究表明，到 2030 年，元宇宙的价值可能增长到 50000 亿美元，其中社交领域将贡献巨大。随着 Z 世代成为主流消费群体，年轻化、内容化的元宇宙社交，将成为最新潮的社交模式。

在2022世界人工智能大会上，比邻星球App首次亮相，展示了其在元宇宙应用方面的成果。

1. AI虚拟人一体机

比邻星球为企业提供定制化专属虚拟人，包括形象、服饰、语音、动作等方面的定制，满足不同场景下企业的要求。无论是业务办理、路线咨询、产品介绍，还是知识科普，AI虚拟人都能轻松应对。

2. 动作捕捉虚拟人一体机

比邻星球可以实现空间智能互动。例如在商业街、游乐园等场景中，用户可以凭借动作捕捉参与游戏；在虚拟海滩和偶像互动；邀请三五好友在虚拟星空下露营。

在比邻星球，用户可以利用素材库打造专属的虚拟形象并拥有自己的虚拟伙伴，还能用编辑器打造全新场景，创建活动，与好友跨越时空在虚拟世界里畅谈、互动。

作为一款三维元宇宙内容平台，比邻星球不仅具有超水准的技术体验及高质量的视觉效果，还展现了元宇宙社交的雏形。比邻星球创始人段志云在演讲中提到，社交是想象空间最大的元宇宙产品的切入点，而元宇宙时代需要全新的国民级应用，社交与内容的结合正是元宇宙产品落地的关键，因此无限内容创作和实时互动是元宇宙产品的必备能力。

比邻星球的出现点燃了大众对元宇宙社交生活的无限期待。相信随着元宇宙相关技术的发展，未来我们就能在虚拟世界与相隔千里的朋友面对面交谈，甚至可以穿越时间与古人进行一场奇妙的对话。

✦ 线上社交转向沉浸式虚拟空间

目前的网络社交虽然也打破了时间、空间的限制，但人们始终是隔着屏幕交谈，并不能产生面对面交谈的沉浸感。而元宇宙社交的优势就在于虚拟空间弥补了沉浸感的缺失，让连接范围更广、互动模式更拟真。

在元宇宙创造的这个虚拟空间中，我们与朋友不单可以发送语音、文字、图片、视频，还可以手挽手逛街、购物、看演唱会，而且不必担心路程与时间的问题，想去哪里瞬间就可抵达。

2022 年 9 月举办的“云上投洽会”延续线上线下融合办会模式并融入元宇宙元素，打造了一个沉浸式投洽会元宇宙空间。这个虚拟展厅的中心展区是一个社交大厅，周围是中国馆、境外馆、投资热点城市馆 3 个展馆，并建有名片墙、宣传大屏等设施。

在这个虚拟展厅中，参会人员可以选择自己的数字分身、自由漫步观展、与其他参会人员交换名片以及获取数字藏品。虚拟展厅极为丰富的社交模式以及新奇有趣的元宇宙玩法，为参会人员带来了极强的沉浸感。

元宇宙社交是虚拟社交与实体社交相结合的产物，更能满足现代社会中人们的社交需求。在虚拟空间中，人们可以凭借着虚拟化身，并基于兴趣推荐，体验丰富的沉浸式社交场景，在近乎真实的场景中与朋友一起交流、娱乐。未来，元宇宙将不断深入我们的生活中，成为生活、娱乐、工作、交往不可或缺的平台。

平台突破：社交平台打造元宇宙社交场景

在元宇宙发展趋势下，很多企业开始以社交为切入点，探索元宇宙社交应用。其中，Meta、上海任意门科技有限公事、天下秀等都推出了自己的元宇宙社交平台。

✦ Meta：发挥 VR 与用户优势，升级元宇宙社交平台

提到元宇宙社交，就不得不提到在这一领域动作不断的 Meta。自从脸书（Facebook）更名之后，Meta 全力发力元宇宙，除了在硬件方面的布局外，在元宇宙社交应用方面，Meta 也推出了自己的 VR 社交平台 Horizon Worlds，深化了 Meta 在元宇宙领域的布局。Meta 创始人扎克伯格曾表示，“它（Horizon Worlds）将在构建更广泛的跨越 VR/AR 的元宇宙方面发挥重要作用。”

在 Horizon Worlds 中，用户在创建好自己的虚拟化身后，就可以通过传送门前往各个虚拟场景，和其他用户体验多样的

游戏，或参加绘画、高尔夫等多种主题的聚会。除了体验不同的场景外，用户也可以创建自己的世界。Horizon Worlds 为用户提供多样的创作工具，用户可以借助这些工具和其他用户合作共创并分享创建进度。

依托先进的 VR 技术，Horizon Worlds 能够识别用户的表情和手势，使虚拟化身的表情、动作更加自然，带给用户更高的沉浸感。同时，为了强化社交功能，Horizon Worlds 推出了发现附近好友、申请加好友等社交功能，便于用户在虚拟世界中交朋友。

搭建元宇宙需要大量的内容作为支撑，对于元宇宙社交来说同样如此。为了刺激 Horizon Worlds 中的内容创作，2021 年 10 月，Meta 宣布将推出 1000 万美元的创作者基金，鼓励用户创作内容。

为了丰富 Horizon Worlds 中的内容，Meta 制定了相关的创作激励计划、资金奖励机制。并且，Meta 表示将在未来举办一系列的创作比赛，丰富 Horizon Worlds 的世界。当前，Horizon Worlds 已经实施了创作者激励计划，帮助用户学习使用该平台的创作工具并进行虚拟世界创作。第一阶段的激励项目结束后，参与该项目的创作者已经完成了数百个虚拟世界。

此外，Horizon Worlds 还不断地对平台上的工具进行升级和简化，以便于用户创作。自 Horizon Worlds 推出至今，其创作内容的过程变得越来越简单、快速，用户规模也得到了大幅增长。

Meta 在元宇宙社交方面的探索很好地发挥了其 VR 技术和用户优势。Horizon Worlds 在继承 Meta 优良社交基因的基础上，也会不断加快进入元宇宙社交的脚步。

✦ Soul：年轻人的社交元宇宙

2021 年 10 月，在华为 2021 年开发者大会上，上海任意门科技有限公司开发的社交 App Soul 以亮眼的用户增长数据荣获“最佳潜力应用”称号。随后，Soul 又在 2021 OPPO 开发者大会上荣获“最佳增长应用奖”。此外，Soul 还获得了 vivo 应用商店颁发的“优秀合作奖”。Soul 能够获得三大企业的认可，与其提出的“社交元宇宙”概念和用户的青睐密切相关。

聚焦社交元宇宙概念，Soul 将自己标榜为“年轻人的社交元宇宙”，并以此获得了大量用户的支持。虽然 Soul 还没有实现沉浸式虚拟社交，但相比其他社交软件，Soul 已经具备了不少元宇宙元素。

一方面，在 Soul 中，用户会得到一个虚拟身份，以此建立自己在虚拟空间中的社交关系网。用户可以通过捏脸系统设计个性化的虚拟形象，也可以通过文字介绍、语音展示、内容发布等打造自己的人设，突出自己的优势和个性。另一方面，Soul 为用户社交提供了多样的途径。用户可以通过文字、语音、视频等方式进行社交，也可以参加多人互动的聊天派对，或者和他人一起玩狼人杀、解谜游戏等。在 Soul 中，用户的所有社交活动都是基于虚拟形象和身份的。在这里，用户可以自由展示自己的优势，不必受身高、容貌、社会地位等因素的影响，从而获得更好的社交体验。

虽然 Soul 在元宇宙社交方面并不成熟，但我们依然可以通过其窥探未来的元宇宙社交。虚拟形象能够使得用户突破容貌、外表上的社交障碍，在更轻松的氛围中展现自我。而多样的虚拟社交场景除了能够为用户提供多样的谈资外，还能够丰富用户的社交体验。此外，在未来沉浸式的社交场景中，用户能够通过虚拟形象和虚拟场景获得更真实、多样化的社交体验。

✦ 天下秀：“Honnverse 虹宇宙”带来虚拟社交体验

2021 年 11 月，我国领先的红人新经济平台天下秀官宣了国内首个融入区块链技术的 3D 虚拟社交平台“Honnverse 虹宇宙”。其创始人李檬在公开信中表示，虹宇宙作为通往下一代互联网的门票，将打造出一种将用户、创作者和品牌联系在一起的内容创作生态。

作为我国首个基于区块链的 3D 虚拟社交平台，虹宇宙以 3D 虚拟星球为背景，通过构建虚拟身份、虚拟空间、虚拟道具等，联合全球社交红人，打造出一个沉浸式的虚拟生活社区。

不同于游戏产品，虹宇宙打通了虚拟和现实的桥梁，让用户的体验更加真实。在虹宇宙，用户可以自行构建场景，例如，自定义自己的 3D 虚拟形象、自定义虚拟房屋的装修、通过开放内容平台和工具进行创作等，打造独特的虚拟社交生活。

同时，在构建虚拟场景的过程中，虹宇宙利用去中心化的共识机制解决信任问题，丰富了虚拟社交的宽度、广度，从而使全新的商业形式、社交红人落地，开启去中心化红人经济模式。虹宇宙为粉丝构建沉浸式互动场景，使红人、品牌、虚拟形象等元素打破时空的限制，出现许多 IP 联动的新玩法，既与粉丝拉近了距离，又促使虹宇宙成为未来虚拟社交世界的流量新地标。

此外，虹宇宙依托区块链的公开透明性，以及具有自动化、可编程、可验证等特性的智能合约，保护创作者社交资产的版权，并基于此推出了数字藏品展示、IP 衍生品发布等创新玩法，给予用户全新的社交体验。

未来，沉浸感、参与度都大大增强的元宇宙，或许是互联网的终极形态。虹宇宙通过区块链技术创新应用，搭建全新的内容创作新生态，不仅实现了沉浸式虚拟社交体验，还构建出体验式社交消费场景，使用户不会在游戏中成为提线木偶，而是真正参与并创造虚拟世界。这样的突破式虚拟社交创新，打开了元宇宙的更多想象空间。

三

场景延伸：元宇宙社交蔓延至更多场景

元宇宙可以为人们提供一个自由交互的虚拟社交环境，支持人们在其中进行各种社交活动，如玩游戏、购物、举办展会等。未来，元宇宙社交场景将不断延伸，更多现实中的社交活动可以完美复刻到虚拟世界中。

✦ 社交与游戏结合，游戏中的社交体系走向完善

社交由 3 个重要的元素组成，即社交对象、社交环境、社交内容。第一大元素社交对象决定了社交的关键内容、主体，是社交内容的生产者，是社交环境的决定者。社交环境是影响社交的第二大元素，在不同环境中，人的行为举止就会不一样。社交环境是社交仪式感的来源，越是仪式感强的社交环境，对人的约束力越大，对社交对象、社交内容的要求更高。

但当社交转移到线上时，这几个元素就会发生变化。在虚拟世界，我们难以获取社交对象更多的信息，导致关系难以

轻易建立。社交场景转为虚拟场景，减少了现实世界对人的约束，让行为更加自由。传达信息由表情、肢体语言等形式变为文字、语音、图片等形式，虽然会丢失部分信息，但也减少了负担，使表达更加直接。此外，信息传达方式的变化，在一定程度上催生了新的语言形式，让其成为区分某一群体的标志。

同样，游戏中的社交也要满足这三个元素，那么，如何以这三个元素为依托，构建游戏社交场景呢？

1. 社交内容

游戏社交的内容极度聚焦，很少脱离游戏内容。例如，在《王者荣耀》中讨论战绩，在《绝地求生》中讨论武器装备等。但是，并不是所有内容都可以成为社交内容，只有具有分享、共情、争议三个特点的内容，才能作为社交内容。而社交内容的多寡，决定了游戏社交的黏性。

（1）分享指的是单方面向外传播一个信息，如游戏获胜、游戏里上架新角色等。并不是所有行为都值得分享，例如，所有玩家每天必做的日常任务，就没有分享的意义。分享的内容一定要吸引人眼球，要么知道的人不多，要么人无我有。

（2）共情指的是在分享的基础上，有互动目的的内容，如参加游戏活动、组队打游戏等。例如，玩家分享了某角色的技能装备，获得其他玩家点赞，这就是良性互动。游戏是一个目的明确的社交载体，丰富的内容可以驱动社交。

（3）争议指的是玩家之间对游戏内容的讨论。游戏内容很多，需要玩家探索，在这个过程中，不同玩家对同一内容产生不同的理解，就会产生争议。正面的可争议内容，是社交的利器。

2. 社交对象

相比其他虚拟世界中的社交身份模糊化，游戏玩家通常有另一种身份，即游戏角色。这个身份可以帮助玩家建立初步的身份信息，例如,《王者荣耀》中，玩家常用的英雄、胜率等本在后台的数据，被提到了前台，成为一种身份信息。丰富的身份信息非常有利于社交。此外，如果我们用微信等社交账号登录游戏，可以引入其他平台的社交关系链，快速构建身份信息。

3. 社交场景

游戏的社交场景的定位一般都是辅助游戏，例如，玩家找人组队就是一个社交场景。这虽然便捷，但丢失了仪式感。重塑仪式感，在于信息分级，并不是所有信息都是玩家关心的内容，例如，世界频道的信息就应该比私人信息的分级低，私人信息应该有更特殊的表现形式，以此来塑造仪式感。

随着游戏内容的不断发展，其沉浸度逐渐提高，游戏社交的沉浸感也会进一步提升。未来，玩家们会面对面一起打怪升级、探索游戏内容，在奇幻的游戏世界冒险。

✦ 社交与购物结合，创新消费场景

随着体验经济的兴起，购物场所开始看重打造特色体验内容，而在元宇宙概念的驱动下，虚实结合的内容呈现与交互方式为消费者带来了全新的沉浸式消费体验。例如光影互动、AR 导航、线上商城、刷脸消费等，这些数字化的体验给消费场景带来了巨大的改变。

1. 运用虚拟技术，打造沉浸式体验

在元宇宙时代，新消费群体对体验与个性极为看重，这要求消费场景具有故事感、代入感、互动感、沉浸感等特点。随着技术的发展，许多元宇宙技术，例如 AR、VR、AI、5G 等，为购物场景增添了更多可能性，打造了虚实结合的沉浸式购物体验。

在运用元宇宙技术为购物场景赋能方面，中国电信进行了一次非常成功的实践。中国电信围绕商业数字消费场景升级推出了“天翼云图”，致力于打造领先的商业元宇宙，为零售商业场外引流、场内导流以及在线营销提供全流程服务。

天翼云图已经推出了 AR 云 Go、AI 数字人云播、云 XR

娱乐空间、慢直播云逛街等 5G 新产品，这既能给消费者带来全新的沉浸式购物体验，又可以赋能商户全链路流量变现。

此外，在新冠疫情防控常态化的背景下，创新的数字消费场景也为商业综合体的运营提供了新思路。天翼云图打造的 24 小时慢直播互动场景，让消费者可以随时随地在线上逛商场。消费者既能购买心仪的商品，还能在云端参加网红 IP 大展、潮品发布会等潮流文化活动。

2. 元宇宙型购物中心

购物中心是连接商品供给端和需求端的消费平台，也是达成最终消费并带来消费体验的重要载体。而元宇宙元素的加入为购物中心带来了无限可能，越来越多的购物中心开始加入元宇宙赛道。

位于北京的 BOM 嘻番里由金码大厦 B 座改造而成，是一个线下元宇宙主题商业项目，也是北京首个 ACG（动画、漫画、游戏的总称）沉浸式体验商场。

BOM 嘻番里结合元宇宙概念为消费者创造了全新的购物体验。消费者进入商场后可以获得一个新身份并加入对应的游戏阵营，以此来体验丰富的故事内容。此外，BOM 嘻番里还会定时上演沉浸式戏剧，剧情与消费者的故事线相关，消费者可以与其他人互动“飙戏”。

BOM 嘻番里通过虚实结合的方式，消除线上线下的边界，让消费者同时可以获得消费体验、文化体验与互动体验，从而创造了一个虚拟与现实结合、新奇有趣的消费场景。

无独有偶，沈阳金科购物中心也将元宇宙元素融入设计。金科购物中心是一个完整的体系化的元宇宙商业项目，项目的设计、建造、运营都融合了元宇宙的理念。例如以购物中心为核心，打造了全剧情 AR 导航、AR 游戏商业，让消费者可以在沉浸式的场景中，享受购物、休闲与娱乐的乐趣。

无论元宇宙如何发展，以数字技术搭建全新的购物场景已经是购物中心的未来发展趋势。在未来，商场不再只有购物一个功能，它将成为融合虚拟与现实的大型游乐场。

✦ 社交与展会结合，更具美的体验

沉浸式展览作为艺术展览中最吸睛的形式，它拥有华丽的展出效果和沉浸式的感官体验，颇受年轻人欢迎，一度十分流行。

2010 年，尤伦斯当代艺术中心举办沉浸式展览《感觉即真实》，用灯光和雾气创造出一个人工光谱空间，让观众仿佛置身幻境；2013 年，日本艺术家草间弥生的《我有一个梦》亚洲巡展，在一间封闭房间里，用镜子反射红白波点，让观众在空间中瞬间迷失方向；2015 年，英国艺术团体兰登国际的互动艺术装置《雨屋》，在天花板上安装体感器，让观众感受如影随形的大雨；2016 年，美国惠特尼美术馆举办的“梦境：沉浸式电影和艺术”专题展，利用声、光、电的完美结合，为观众创造丰富体验。

如今的艺术已经不再拘泥于传统的表现方式，作品从平面走向空间。在传统审美观念中，观众和作品的关系是“静观”，存在明显的距离。而当代艺术强调融入，强调作品对观众的全方位的影响。

随着元宇宙的发展，沉浸式展览会融入科技元素，体验感会进一步加强。例如，2015 年，上海开展的《不朽的梵高》画展运用 SENSORY4 感映技术，让观众可以看到梵高作品的诸多细节，展出效果十分震撼。未来，也许我们能借助科技手段进一步走进艺术，与艺术家对话，体会作品背后的含义。

第八章

教育+元宇宙：教学新模式助力智慧教育

先进技术在教育领域的应用往往会引发教育模式的变革，而元宇宙在教育领域的应用将颠覆传统教学模式，实现教学多场景、多环节的智慧化升级。在元宇宙教学场景中，老师、教学环境，甚至书本上的知识都会走向虚拟化，以全新场景带来全新教学体验。

一 教学模式迎来新变革

元宇宙与教育的结合将擦出怎样的火花？虚拟老师将代替真人老师为学生们授课，现实中的教学场景也可以搬进虚拟世界。同时，虚拟场景与教学场景的结合可以使书本上的知识“活”起来，以三维立体的虚拟形象生动形象地展示在学生面前。

✦ 虚拟老师走进现实课堂

与当前的真人老师相对应，元宇宙中也会存在虚拟老师，参与到教育的不同场景中。在课堂上，虚拟老师可以生动形象地为学生讲解专业知识；在课后，虚拟老师可以为学生提供个性化的学习辅导。

当前，虚拟老师在现实中已经有所应用。新西兰奥克兰的学校中就出现了一位虚拟老师 Will，给学生传授可再生能源学科的知识。在学习的过程中，学生可以和 Will 自然地互动，学习有关风力涡旋机、太阳能等可再生能源学科的知识，Will

也会对学生的问题或肢体语言做出回应。很多学生表示，Will给他们的感觉是“像一个真正的人类”。借助人工神经系统，Will可以识别学生的情绪并做出反应，还可以识别学生对所学内容的理解程度，做出更合理的教学规划。在教学方面，Will无疑是一名出色的老师。

教育领域存在的一种普遍共识是，相比当下的大班授课模式，由经验丰富的老师进行一对一个性化教学能够产生更好的教学效果。但由于教育资源匮乏，一对一授课模式难以进行大面积推广。而虚拟老师的出现则可以解决这个问题，可复制的虚拟老师可以一对一教授成千上万名学生，并且根据学生的学习情况进行个性化教学。

一方面，搭载AI系统的虚拟老师可以根据学生各科知识的掌握情况，智能设计科学、合理的教学方案；另一方面，在教学过程中，虚拟老师能够根据学生对教学内容的掌握情况随时调整教学进度，帮助学生更好地理解所学知识。例如，当虚拟老师通过情绪识别技术感知到学生对当前知识点存在困惑时，就可以放慢讲课速度，或者将知识点再讲一遍，便于学生理解。此外，虚拟老师还能够定期检测学生对知识的掌握情况，并据此完善教学方案。

综合来看，虚拟老师具有传统老师无法比拟的教学优势，能够实现更大范围的智能化、个性化教学。未来，虚拟老师将代替真人老师完成更多的教学工作，而这也将加速教育领域迈向元宇宙。

✦ 虚拟教学场景突破教学界限

元宇宙在教育领域的应用能够打造沉浸式的虚拟教学场景。老师可以借助全息投影更清晰明了地讲解知识，学生也可以在虚拟世界中借助灵活多样的交互方式进行沉浸式体验和创造。具体而言，元宇宙可以实现以下教学场景，如图 8–1 所示。

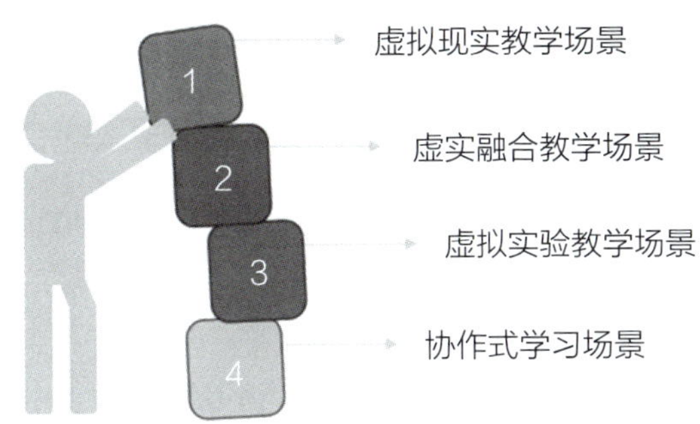

图 8-1　元宇宙下的教学场景

1. 虚拟现实教学场景

虚拟现实教学指的是借助 VR 设备，身处不同城市甚至不同国家的学生和老师可以相聚于同一个虚拟教学场景中。在其中，师生可以通过虚拟形象进行互动，并在拟真的虚拟场景中实现更好的教学。

例如，如果老师需要向学生讲解唐朝的历史，那么就可以和学生一起“穿越”到唐朝，在拟真的唐朝场景中感受唐朝的风土人情、文化风貌。在游览的过程中，老师可以随周围环境的变化讲解唐朝的官员制度、介绍美轮美奂的艺术品等。

再如，如果老师需要教授学生英语口语，那么就可以将学生带入一座虚拟的英美都市中。在其中，学生可以感受周围真实的对话环境，自由地和虚拟世界中的司机、店员等进行不同场景的对话，提升自己的英语水平。同时，在实际的对话场景中，老师也可以随时指出学生表述中的错误，帮助学生进步。

在虚拟教学空间里，老师可以一对一或一对多地开展教学，也可以根据教学需要，组织学生自由探索学习。学生不仅可以以虚拟化身和老师、同学互动，也可以和虚拟世界中的智能 NPC 互动，获得更真实的学习体验。

2. 虚实融合教学场景

虚实融合指的是虚拟场景和现实场景的融合。在讲课过程中，老师经常会讲到不同物质的分子结构、不同建筑的内部构成等，对于这些讲解，如果只用语言进行描述，难免会显得晦涩难懂。而借助全息投影技术立体化地展示出物质的分子结构或建筑的内部构成后，老师就可以更细致地进行讲解。

以讲解建筑结构为例，借助全息生成的可视化建筑，老师不仅可以调整内外视角、全方位展示其内外设计特色，还可以拆解其结构，把每一处细微设计的功能和特色讲得更清楚。在更细致的讲解下，学生的学习效率也会得到提升。

3. 虚拟实验教学场景

在物理、化学等的教学过程中，经常会涉及各种实验。很多实验都存在安全风险，一旦操作不规范，就可能会引发爆炸、失火等事故，威胁学生安全。同时，学生进行多次重复实验也会造成实验资料的浪费。而在虚拟实验教学场景中，学生可以在其中自由地进行多次实验，不会造成实验资源的浪费，也不存在安全风险。

4. 协作式学习场景

在现实中，协作式学习会受到人员、空间等因素限制。例如，医学专业的学生和其他学生或护士合作完成手术，能够提高彼此之间的默契程度和专业能力，但在现实中，医学生不能用病人做实验，也很难创造合适的手术室环境进行模拟。而元宇宙创造的虚拟仿真环境可以让学生在拟真的手术环境中重复练习，提升自己的能力。

元宇宙所构建的形象可视化、可交互的虚拟场景弥补了现实教学的不足，为教学带来了更多可能。未来，在元宇宙教学场景中，教育将更具沉浸感和社交性，教学也将更加生动、有趣。

二

科技与平台助力，元宇宙教育雏形已现

当前，一些科技巨头致力于开发更先进的教学工具，以增强现实教学的沉浸感、交互感，也有一些教育平台已经将教学场景搬到了虚拟世界，支持人们在虚拟世界中探索、学习和交互。这些实践都在一定程度上描绘了元宇宙教育的雏形。

✦ 希壤虚拟大学：让在线教育身临其境

元宇宙对教育的改变是多方面的，其中“元宇宙＋教育场景”是一个较为重大的改变。VR、AR 技术已经在更新教育场景方面做了许多尝试，而随着人工智能、云计算、物联网、区块链等技术的完善，在线教育将进一步打破空间限制，从而解决教育资源分配不均衡的问题，让网课也可以具有线下课堂教育的“临场感”。

“希壤”是百度旗下的元宇宙平台，其与中国传媒大学联手打造了虚拟中传校园。2022 年 1 月，虚拟中传校园在希壤上线并向公众开放。这也是国内首个在元宇宙平台开放的“虚拟大学”。用户可以在虚拟中传校园中获得视觉、触觉等多种感官体验。

虚拟中传校园借助街景地图、三维引擎等技术，在希壤中 1 ∶ 1 复刻了整个校园建筑。不仅如此，虚拟中传校园中还埋藏了与校园特色文化、校园情感记忆关联的彩蛋，用户可以通过移动端或电脑终端设备接入希壤平台，寻找彩蛋，以虚拟化身在虚拟校园中畅游。

2022 年 3 月，“现代学校治理改革发展研讨会”在希壤的元宇宙礼堂中成功举办。该研讨会以“强化育人阵地，育见未来学校”为主题，是一个元宇宙沉浸式虚拟现实 VR 线上学术会议。会议上还举办了深圳市罗湖未来学校元宇宙学校的发布仪式，罗湖未来学校元宇宙分校正式上线。

罗湖未来学校是一所现代化学校，不仅环境优美，而且将智能物联、大数据、全息影像等智能元素和谐地融入了学校，便于结合科技手段从小培养学生的实践与探索精神。而它的元宇宙分校更是国内第一个真正意义上的元宇宙学校，是利用元宇宙进行教育改革的一次有利尝试。

如今的在线教育还只停留在直播或录播的阶段，虽然打破了时间、空间的限制，但其互动感、趣味性、沉浸感等都十分欠缺。老师只能单方面地给学生灌输知识，而学生的吸收情况如何，老师则无从得知。此外，在线教育缺少老师的督促，而一些低学段学生的自制力较差，学习效果不甚理想。

而元宇宙与教育场景的结合，则很好地解决了在线教育存在的问题。元宇宙的沉浸感、临场感可以让在线教育也能像线下教育一样有趣。未来，学生也许不需要到学校上课，而是通过终端设备进入虚拟校园，在虚拟校园中与来自各地的同学互动，甚至可以跟着虚拟老师亲临课本上描述的场景，让学习变得更加有趣。

✦ VR 课件：教学内容虚拟化

在传统课堂上，学生只能通过老师的讲述、插图或者视频去了解一些抽象的、枯燥的知识点，这样的教学方式既不有趣，也不生动形象。因此，很多学生只能通过死记硬背、反复练习的方式来记忆知识点，这导致学生们学习兴趣低、效果差。而元宇宙相关技术的出现带来了 VR 课件，让枯燥的知识更加生动，甚至“跃然纸上”。

旧金山某学校的两位老师基于 Lifeliqe VR 博物馆应用程序，开发了一个 VR 课件。学生们使用 HTC Vive 可以在 Steam 游戏平台上的 Lifeliqe VR 应用中漫步古遗址、深入观察动植物细胞内部、与宇航员们一起漫游国际空间站等。

这些体验是大多数学校的科学课都无法实现的。试想，与听生物课老师讲解细胞结构及其功能相比，学生亲自进入细胞内部目睹细胞核中的核糖核酸链如何分裂重组，肯定会将知识点记忆得更加深刻，同时也能调动起学生对学习科学的兴趣。

两位老师观察了学生们使用 VR 课件后的反应发现：VR 课件有着极强的寓教于乐的功能，它打破了课堂授课的时空、内容限制，让学生们可以更加自由地探索科学的奥秘。学生们在体验这些课件时，不仅能亲身体验抽象的科学概念，还能做出个性化反应并建立情感连接。这既增强了学生们的学习能力和自信，又让他们更加勇于表达自己的体会和感受。

在国内，深圳华锐视点也在从事 VR 教学内容的研发、制作工作。它为教师提供了考试考核系统，方便老师登录系统对学生进行数字化管理，例如增删改查学生成绩、更新上传教学内容等。它还为学生开发了沉浸式的 VR 实验室，能完全模拟出实验操作的真实环境变化。系统中搭配高清立体画面，让临场感更强。除此之外，系统中的多感 VR 震动功能能够真实还原震动、摇晃、电击等触感，为学生提供身临其境的真实感，让抽象的教学内容更加真实。

VR 课件打破了传统课堂授课的限制，让抽象的概念“活”

了过来，生动地呈现在学生眼前。这种直观、生动的教学方式可以让学习变得更有趣，从而更好地培养学生的探索精神和创造力，让他们不再排斥枯燥的知识，增强学生自发学习的兴趣和对世界万物的好奇心。

教学发展方向：虚拟教学更真实、更有趣

未来，随着元宇宙与教育的融合进一步加深，教学场景将变得更加富有趣味性，更多虚拟场景将出现在现实课堂中。同时，在更自由的虚拟世界中，教学与游戏的联系也将更加紧密，游戏元素将与教学活动相结合，实现寓教于乐。

✦ 元宇宙助力教学场景创新

元宇宙能够赋予用户一个虚拟形象并提供沉浸式的虚拟场景，其与教育相结合能够创造出新的教学场景。未来，更多的教学实践将在虚拟世界中完成，助力教学突破时空限制。

例如，为了提高学生的安全意识，很多学校都会组织学生进行火灾、地震等突发事件的安全演练。演练前，学校会制订详细的活动方案，并向学生讲解逃生技巧和注意事项等。演练时，警报响起的同时，各班同学使用正确的逃生技巧有序撤离到安全地带。随后老师们统计人数并汇报，学校依据学生的表现评判此次演习的效果。

这样的演习在当前的学校教育中十分常见，也能够起到一定的教育效果。但缺乏真实感的训练场景也会降低学生的投入感与参与感，无法让学生获得真实的火灾或地震逃生体验。而将演习场景转移到元宇宙中后，学校可以在虚拟世界里模拟火灾或地震场景，并制造各种训练场景。在拟真的环境中，以虚拟形象沉浸在虚拟场景中的学生可以感受浓烟、火光、地面的震动等，从而有真实的紧迫感，也会更加认真地听从老师的指挥，安全撤离。这种真实的逃生体验不仅可以更高效地训练学生的逃生能力，还可以提高学生的安全防范意识。

实践出真知是不变的真理。在现实场景中，学生难以进行复杂的实践训练，而在元宇宙教学场景中，学生会获得更多的自主性。例如，在建筑设计方面，很多学生都有天马行空的想象，期待设计出独一无二的作品。但在现实中，学生很难进行大量的建筑实践，无法展示自己的想象力，也难以发现设计中的缺陷。

而在元宇宙教学场景中，学生可以自由地在虚拟世界中进行建筑实践，验证自己的想象能否变成现实。同时，对于学生搭建起的虚拟建筑，老师可以在其中进行全面的检查，提出合理的改进方案。在这样的教学实践中，老师能够更细致地传授知识，学生也可以获得更快的提升。

此外，随着元宇宙教学场景的不断发展，其将聚集海量的名师和优质教育资源。学生可以以虚拟形象在元宇宙中自由探索，来到各国不同的名师课堂中自由学习。这种突破时间和空间的学习模式能够使更多的学生享受到更优质的教育资源。

✦ 游戏元素提升教学活动趣味性

元宇宙与教育的结合让原本的教学形式和学习形式都发生了翻天覆地的变化，其中最大的改变就是学习比以前更有趣了。学生们甚至可以在游戏中学习知识，例如回到过去和古人对话，只有答对古人的问题，才能获得积分，而积分足够多才能通关。这种炫酷的教学方式可以大大激发学生们的学习兴趣，同时也能提升授课效率。学生们既能学习知识，又能体验游戏，想象力和交互力也能得到提高。

《玩学世界》坚持“满足孩子的天性”这一理念，推出了三维沉浸式教育平台，将教学内容和游戏内容按 3 ∶ 1 的比例融入平台，给学生们带来感知化学习体验。

《玩学世界》分为教学区、专题区、竞技区、家园区四大分区，各区域设置不同的“学玩比”，满足不同孩子的学习需求。

教学区覆盖从小学到中学所有年级的课程，学玩比为 8 ∶ 2，以三维交互游戏闯关的方式进行学、练、测。学生通过做题获得积分与道具才能通关。

专题区的学玩比为 7 ∶ 3，以情景闯关的方式帮助学生进行背诵古诗词、练习英语对话、编程训练等专项练习。学生完成练习后可获得积分奖励。

竞技区的学玩比为 3 ∶ 7，学生可以与其他同学联机对决，强化知识点吸收，在竞技中，赢取奖励与称号，增强自信心。

家园区的学玩比为 2 ∶ 8，这里是学生们的自由空间，学生们可以用在其他区域获得的道具、积分、货币等在这里兑换建筑材料，建造房子，或者与其他同学进行交易、联机社交。

《玩学世界》是一个集学习、游戏、社交于一体的平台。在这里，学生们不仅可以通过游戏的方式强化知识点的学习，还可以与其他同学进行知识比拼、社交互动，并用学习知识赢得的奖励建造自己的梦想家园。这样不仅可以寓教于乐，提升学习的趣味性，还可以使学生们在学习的路上找到志同道合的朋友，共同进步。

处于成长过程中的学生们对世界充满好奇心，极具探索欲望。因此，我们不能在教育过程中压抑学生们的天性，而是要顺其自然，培养他们对学习的兴趣和探索欲望。正所谓“兴趣是最好的老师”，将游戏元素融入教学活动，可以让学习更有趣，激发学生探索知识的欲望。随着元宇宙技术的发展，像《玩学世界》这样的游戏学习社区会更有趣、更好玩，学生们甚至可以亲身进入一个以知识为武器的游戏世界，与朋友们一起闯关、学习、互动。

第九章

办公+元宇宙：打破远程办公壁垒

当前，由于地理限制，身处异地的人们往往要通过远程协作的形式实现线上办公。这种工作空间的割裂使得工作氛围感大大降低，难以提升办公效率。而元宇宙能够打破远程办公的壁垒，以更自由的工作空间、更便捷的办公工具等为人们提供更真实、更具沉浸感的办公体验。

一

元宇宙助力下，传统办公模式迎来突破

元宇宙与办公的结合将开启新的虚拟办公空间。在这里，身处世界各地的人们都可以借助 VR 设备同聚于一间虚拟会议室中顺利开展工作，甚至可以将现实中整个办公活动复刻到虚拟世界中。

✦ 办公环境虚拟化，虚拟办公更沉浸

提到办公，很多人都会想到高楼大厦、整齐的办公桌、一模一样的办公椅，每个人的工位上都放着型号相同的电脑和文件夹。这似乎就是现代化办公的全貌。但随着越来越多的年轻人涌入职场，以及互联网的飞速发展，这样的办公环境已经无法很好地满足上班族的需求了。

同时，现代社会，办公室难以实现完全利用，而那些不被利用的办公室资源就失去了意义。

由此可见，千篇一律的办公环境不再适用于当代办公已

经成为很多人的共识，人们迫切需要新的产品来改变办公环境。在这样的背景下，互联网办公应运而生。简单来说，互联网办公就是线上办公，员工与管理者在线上办公软件中传输工作所需的文件，一些日常交流、会议等活动也在线上软件中进行。但是这种线上办公模式也存在一定的弊端，例如交流不便、传输文件范围有限、办公过程枯燥等。

而元宇宙的出现则打破了线上办公的局限。元宇宙办公为上班族提供了沉浸式的虚拟办公环境，让他们能够以更贴近现实的状态投入工作。例如在传统的线上会议中，很多时候与会者需要通过激烈的思想碰撞来进行头脑风暴，高效分享自己的创意，但是线上远程会议软件使得会议的沉浸感降低。开展线上会议时，线下的与会者可能正在喝咖啡，也可能正在看视频，难以全身心地投入到会议当中。

而元宇宙办公环境则大为不同。每位与会者都有自己的专属虚拟形象，各个虚拟形象就像现实会议中的真人一样围坐在一起开会。无论是眨眼、挑眉，还是各种手势和语气，虚拟形象都能够真实还原与会者在现实中做出的动作。虚拟形象在虚拟空间办公与真人线上办公有着很大的区别。虚拟办公环境在各方面都显著优于传统的线上办公环境，或许在不远的将来，人们只需要在家中准备一台 VR 设备就可以在虚拟环境中开启一天的工作。这样也可以节省人们在路上通勤的时间和精力，使人们可以全身心地投入工作。

✦ 办公活动虚拟化，大型办公活动向元宇宙迁徙

元宇宙的特征之一就是虚实结合，打破现实世界时间和空间的界限。对于企业而言，元宇宙办公不仅能够节省场地成本，还能够打破地域局限，让世界范围内的员工实现无缝对接，更好地完成工作任务协同。除此之外，元宇宙办公还能够将企业的生产活动搬进虚拟世界，极大地降低生产成本。

例如韩国一家元宇宙初创公司 Zigbang 就推出了一款虚拟办公产品 Soma World。这个虚拟世界中有各种各样的办公设施，比如 30 层高的大厦、可容纳几千人的会议中心、网络中心，甚至现实世界中街角的自动贩卖机也被还原在其中。

在 Soma World 中办公的人们随时可以去另一家公司，和不同的人实时聊天、下载会议文件，甚至还可以举办一场聚会。目前，全球已经有 20 家公司入驻 Soma World，这些公司的员工能够在全球任意地点进入虚拟公司，还可以在共享休息室放松，和其他公司的员工聊天。

Zigbang 表示，Soma World 不仅能够为入驻公司的员工提供虚拟的办公环境，还能够在其中举办各种同现实中一样的办

公活动。这既节省了员工的通勤时间，又减少了办公场地和办公设备所带来的成本，同时无纸化办公还降低了碳排放，对环境保护也做出了一定贡献。

除了初创公司 Zigbang 在元宇宙办公领域进行探索外，现实世界中的知名咨询公司埃森哲也同样开始在元宇宙办公领域开疆拓土。埃森哲的负责人表示，他们计划招聘 15 万名元宇宙员工，让这些员工使用 VR 头显在元宇宙中工作。埃森哲创建了名为 Nth floor 的虚拟办公场所，用来培训员工的元宇宙社交和工作技能。目前，埃森哲正在积极部署 VR 头显，希望能够加深人们对于元宇宙办公的认知。

不同领域的公司在元宇宙办公方面的实践展示了未来办公方式的更多可能性。新冠疫情之下，线下办公活动该如何进行？来自全球各地的员工如何不受时差影响进行实时交流？如何减少通勤时间？元宇宙办公的出现使得这些问题都有了可切实操作的方案。同时，随着元宇宙的发展，虚拟世界中的办公环境与办公活动不仅是对现实世界的复刻，还会出现现实世界中不存在的场景，例如人们在月球上喝咖啡、在海底召开会议等，而这些都将提升人们对于虚拟办公的兴趣与热情。

二

办公场景拓展：多企业推出元宇宙办公新方案

元宇宙办公领域聚集着大量的科技巨头，其开发了多样的元宇宙办公产品。有的产品可以实现现实办公场景的复刻，有的产品可以提供个性化的办公空间，甚至还有公司创建了完善的虚拟办公社区，提供除办公之外的教育、金融等更多服务。

✦ 云楼 SOHO：现实中办公场景的真实复制

在元宇宙办公方面，很多公司都入局元宇宙产品的研发，并交出了自己的答卷。移动微世界网络科技有限公司就推出了自己的元宇宙办公产品——云楼 SOHO，帮助很多用户实现了元宇宙远程办公。

云楼 SOHO 等比例真实还原了现实世界中的办公场景，有员工开放办公区、总经理办公室、茶水间、会议室等。

在这个虚拟空间中，人们可以直接走到同事面前，“面对面”地沟通，无须借助任何通信工具。同时，云楼 SOHO 中有员工专属的工位、不同类型的办公室、会议室，还有茶水间和文化长廊等，能够让身处虚拟世界中的人们依旧具有归属感。

云楼 SOHO 还具有一个十分核心的功能，那就是拥有先进的通信系统，可实现实时通信。不同于传统的在线会议，云楼 SOHO 提供的实时性、互动性和沉浸感，使得人们之间的相互沟通可以实时呈现。当人们在云楼会议室开会时，会议室中的屏幕可以实现联动，实现视频、直播、屏幕共享等功能，使会议更加高效。

以往，随着公司规模的扩大，公司的办公场地也需要随之扩大，也会一定程度上降低公司运转的效率。而元宇宙办公则打破了现实世界的束缚，员工不需要来到真实的办公场地上班，公司也不必担心办公场地紧缺。甚至，公司可以在元宇宙中创办自己的虚拟公司，虽然员工依旧需要借助虚拟化身来公司上班，但解除了物理条件上的限制，员工不必再每天通勤，也可以轻松实现在家办公。

元宇宙办公是对当前办公形式的一次重大变革。在这里，公司没有了办公场地和办公基础设施的成本负担，也可以全球招募更适合公司的人才；而员工也能够节省更多的时间，以较低的生活成本享受到更高的生活质量。

✦ Horizon Workrooms：打造元宇宙会议空间

视频会议已经成为现代办公中不可缺少的一部分，特别是在新冠疫情防控期间，远程线上办公的情况更加普遍。

通常情况下，人们使用的线上办公工具大多为钉钉、飞书、企业微信等传统平台。这类平台的特点是能够流畅对接、传输工作文件，还可以召开视频会议。但它们的缺点也很明显，那就是枯燥、无聊，几乎只有文字和图片，对于一些不方便进行视频会议的人来说，严重缺乏会议参与感。同时，这类平台的最大弊端在于，协同工作的参与方无法确定屏幕另一头的用户是否在线，一旦对方不回复消息、不接电话，整个团队的协作任务就将陷入停滞状态。

而 Meta 旗下的 Horizon Workrooms 就通过创造一个可持续在线的共享虚拟空间，将线下办公场景和活动在元宇宙中还原。在这里，人们可以依据自己的真实形象，或者脱离自己的真实形象，创造一个独一无二的虚拟数字人作为自己在元宇宙中的虚拟化身，并借助 XR 等多种传感设备在其中工作。

在 Horizon Workrooms 中，人们可以在虚拟办公室中与同事聊天、互动，与客户面对面交流，即使双方相隔万里也不会有时空的限制。最关键的是，人们完全不用担心自己的同事是否在线，只要他在正常上班，他的形象就会出现在虚拟空间中。而且双方的交流是实时的，大大提高了线上沟通协作的效率。

Horizon Workrooms 有以下几个特点，如图 9-1 所示。

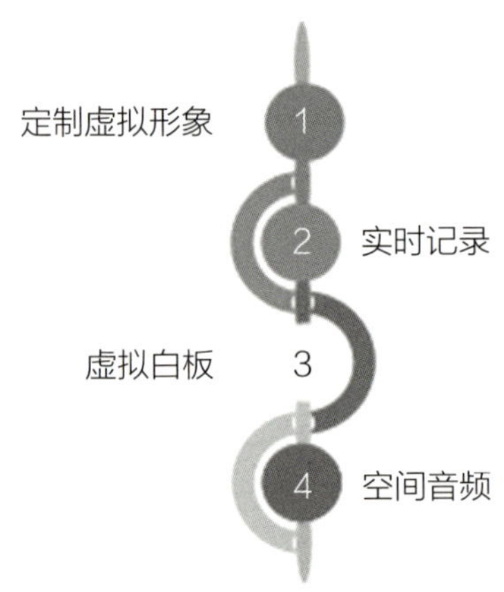

图 9-1　Horizon Workrooms 的特点

1. 定制虚拟形象

员工有了自己的虚拟形象，在线上办公时才会更有沉浸感，才不会感觉十分枯燥。在传统的视频会议中，露脸会让员工觉得没有隐私，例如视频背景是自己的卧室，而自己蓬头垢面还没有洗漱；不露脸则会导致参与感降低，别人都在热火朝天地讨论，眨眼、挑眉等动作可能另有一番深意，而自己却不能参与其中。而虚拟形象则能够通过对真人动作、神态的实时捕捉，还原真人在线下的一举一动，营造出同线下办公一样的氛围。

2. 实时记录

很多元宇宙办公软件并不支持虚实结合的实时互动，例如员工想要将一些有用的信息记录下来，就需要退出元宇宙办公软件。而 Horizon Workrooms 具有键盘追踪功能，员工在元宇宙中的电脑上记录的信息会被实时地呈现在现实中的电脑上，还可以共享屏幕。

3. 虚拟白板

白板在会议中是很重要的工具，员工可以随时在白板上记录好的想法、创意等。对此，Horizon Workrooms 也添加了虚拟白板功能。与会者能够直接在虚拟白板上进行会议记录。只要现实世界中的与会者穿戴上动作捕捉设备，那么他在现实世界中书写的动作会呈现在虚拟世界中，书写的内容也会被真实还原在元宇宙的虚拟白板上，实现虚实联动。

4. 空间音频

现实世界中的人们凭借双耳定位，来锁定说话对象的方位。而在 Horizon Workrooms 中，空间音频功能的设计完美还原了这一定位功能。因为办公环境多变，可能在大型会议室中，也可能在小型茶水间里，声音的大小和方向是不同的。为了让人们的交流更有沉浸感，空间音频可以智能调节音量大小和方向。

总而言之，与传统的线上办公相比，元宇宙中的虚拟办公有很大的优势。虽然当前元宇宙办公还存在一定的不足，但随着技术的不断进步，在未来，Horizon Workrooms 将带给人们更多惊喜。

✦《Com2Verse》：搭建完善的虚拟办公社区

未来，元宇宙将如何变革我们的生活？或许有一天，当前的工作模式将被颠覆，人们可以获得更新奇、便捷的办公体验。

未来的办公场景可能是这样的：早上 8 点，你在闹钟声中醒来，开始慢悠悠地起床、洗漱、做饭并吃早餐。9 点，你来到书房，借助 VR 设备进入建在元宇宙中的虚拟公司上班。身边聚集着来着世界各地的同事，彼此之间可以自由地以虚拟化身沟通、互动等。

10 点，你接到来自大洋彼岸的会议邀请，点击进入之后就会瞬间来到一个虚拟的会议室，在身临其境的场景中参加会议。到了 12 点下班的时候，会议结束，你关闭 VR 设备就退出了虚拟世界，开始享受自由的午休时间。

这样科幻的场景离我们并不遥远。当前已经有一些公司做出了前瞻性的探索。2021 年年末，韩国游戏公司 Com2uS 公布了其开发的元宇宙平台 Com2Verse 及其预告片，展示了人们将如何在虚拟世界中工作。

Com2uS 公司表示将在 2022 年下半年让 2500 名员工入驻 Com2Verse，让员工在元宇宙中工作和生活。Com2Verse 将现实生活中的多场景搬到了虚拟世界，力求为员工提供多元的工作和生活体验。

该平台分为 4 个区域，其中包括提供虚拟办公空间的办公世界（Office World）；提供金融、教育、流通等服务的商业世界（Commercial World）；提供游戏、电影、表演等服务的主题乐园世界（Theme Park World）；提供日常沟通服务的社区世界（Community World）。Com2uS 公司通过一则短片展示了用户将如何在元宇宙中度过一天。

在 Com2Verse 的世界中，用户的工作活动是从走进公司大楼开始的，打卡、坐电梯、来到自己的工位上，和现实世界十分相似。坐在工位上后，用户眼前的屏幕中会弹出天气、日历、文件夹、待办事项等悬浮窗，引导用户开展工作。同时，用户还可以给桌子上的绿植浇水，感受到绿植的成长。

在交互方面，Com2Verse 设计了多样的交互模式。在接到私聊请求后，用户可以离开工位找到私聊对象，以视频的形式沟通。在工作会议中，参会者会眼前会显示出清晰的会议视频画面，同时可以自然地按照会议需要发言。

除了在其中便捷地开展工作外，用户还可以体验虚拟世界的其他区域，享受工作之外的休闲生活。此外，用户可以通过其活动和表现获得代币奖励。这体现了 Com2uS 公司布局完善元宇宙的野心：Com2uS 公司计划在虚拟世界中引入代币经济循环体系，助力元宇宙的完善运行。

此外，除了逐步将旗下所有公司的员工引入元宇宙外，Com2uS 公司还会和各行业的企业签约，建设更完善的元宇宙生态系统。未来，随着更多企业的入驻，Com2uS 公司将逐步打造出集休闲、办公、经济于一体的元宇宙都市。

Com2uS 公司的实践显示出了元宇宙的发展方向：元宇宙并不是为了方便办公而打造出的“打工人模拟器”，而是一个集合多种经济活动、社会活动，拥有自身运行规则的生活空间。未来，Com2Verse 平台会进一步发展，多样的元宇宙平台也会逐渐出现，这些都会加速元宇宙的形成。

发展前景：元宇宙办公应用实现广泛覆盖

未来，随着元宇宙办公应用和元宇宙办公解决方案的不断发展，元宇宙办公服务将遍及更多领域，覆盖更多人群。无论是企业办公需求还是个人办公需求，都可以在元宇宙办公环境中得到满足。

✦ 元宇宙办公定制服务发展，服务更多企业客户

加拿大娱乐机构 BIG HQ 曾为科技公司 1Password 设计了一场为期 3 天的虚拟会议。在此期间，参会者不仅可以获得拟真的会议体验，还能够以个性化的虚拟化身乘邮轮前往夏威夷、阿拉斯加和洛杉矶。

为了让虚拟邮轮给参会者带来更多元的数字体验，BIG HQ 根据 1Password 的需求制定了个性化的会议内容，包括交互式团队建设活动、照相亭集成、教育分组会议等。同时，参会者可以进入虚拟分组讨论室，和同事们进行产品、财务、营

销等方面的讨论。精心的产品塑造、邮轮场景塑造、拟真的虚拟形象等，都为虚拟空间增添了现实元素。

以上大型虚拟会议活动需要个性化的虚拟方案的支持，而这正体现了元宇宙办公应用的一种发展趋势：未来，会有更多的企业关注企业级的大型会议活动，根据企业需求提供个性化的虚拟会议解决方案。

事实上，当前定制化的企业级办公服务已经初露端倪。Meta 在介绍其元宇宙办公应用 Horizon Workrooms 时，曾表示其中的虚拟会议室将在未来实现定制化，企业可以在虚拟会议室中加入企业的商标、海报等。同时，Meta 与拥有超过 50 万企业级客户的 Zoom 达成了合作，Zoom 用户可以接入 Horizon Workrooms 的虚拟会议室，在虚拟场景中召开会议。此外，Zoom 推出的演示桌面 Whiteboard 也可以接入虚拟会议，以便参会者在屏幕上演示文稿。

未来，随着虚拟现实技术的发展，可定制化的企业级办公服务方案会越来越多，会议场景、兼容人数等都可以根据企业需求实现定制化。除了商业气息浓厚的虚拟办公场景外，企业办公活动甚至可以迁移到游戏中，提升办公的轻松度和用户的体验感。

此外，沉浸式的元宇宙会议方案能够为方案服务商提供巨大的商业想象空间。可定制化的元宇宙会议方案能够实现不同风格、不同场景的线上活动定制，除了大型商务会议外，还可以应用于教育、文旅等多种场景，在多领域实现落地。

✦ 消费级元宇宙办公应用爆发，吸引更多个人用户

除了承接各种大型会议、企业级办公服务应用外，面向个人用户的消费级虚拟办公服务也会蓬勃发展，为更多用户提供元宇宙办公体验。

元宇宙办公场景的实现离不开移动和协同两大要素。一方面，用户需要能够随时随地进入元宇宙办公场景；另一方面，元宇宙办公场景需要赋予用户协同交互的能力，便于用户更好地开展工作。

而云桌面能够实现元宇宙办公场景必备的移动和协同。作为一种可靠的远程办公工具，云桌面支持用户随时随地登录、在各种终端设备之间切换工作桌面。同时，云桌面在文档编辑、资料查询等方面，都能够实现办公协同。此外，相较于传统电脑终端办公数据保密性差、运维复杂等弊端，云桌面在数据安全性、维护等方面均具有显著优势。云桌面就像一张虚拟办公桌，将成为元宇宙办公场景的重要媒介。

随着元宇宙的发展，数以亿计的用户实现实时交流，大

量虚拟形象和虚拟场景实时呈现，以形成高沉浸感的交互体验。同时，高质量、低时延的立体画面和音视频，能够更真实地还原现实工作场景，提高线上办公效率。云桌面作为办公场景的重要媒介，是走向元宇宙办公的必经之路。它能够以更高的协同交互能力，带来不输线下的办公体验。

当前，已经有一些企业推出了完善的云桌面解决方案。借助云桌面，用户可以摆脱电脑性能的限制，在云桌面中更流畅地进行 3D 建模、渲染计算等，能够实时和其他人交互。同时，所有工作数据存储在云端，项目从开始到交付都在一个封闭、安全的环境中进行，保证了工作的安全、高效。

除了云桌面外，Meta 推出的 VR 办公软件 Horizon Workrooms、英伟达推出的虚拟协作平台 Omniverse 等也向个人用户开放。用户借助这些平台可以将工作转移到虚拟空间，获得一种更具沉浸感的元宇宙办公体验。未来，随着技术的发展，将出现更多、更智能的元宇宙办公应用，同时，随着技术的普及，这些应用的使用费用也将极大降低，从而能够被更多的用户接受。

可以想象，未来居家办公将成为趋势。用户在家中就可以借助虚拟形象进入不同的虚拟空间，进行 3D 设计、参加虚拟会议、和来自世界各地的客户进行谈判沟通等。这在提高工作效率的同时也能够带给用户更好的工作体验。

第十章

营销+元宇宙：引领数字化营销风潮

在元宇宙的发展过程中，营销圈也是其中的“头号玩家”。营销由现实世界到虚拟世界的转变将重塑营销模式，带来新的赢利空间。在这种趋势下，众多企业纷纷将数字化营销的目光瞄向元宇宙，探索营销新模式。

一 元宇宙下的营销变革

元宇宙与营销的结合将大大变革传统营销模式，加速品牌营销的数字化转型。虚拟数字人、虚拟产品、虚拟场景等都将融入营销活动。

✦ 虚拟化身成为营销目标

2022年年初，腾讯旗下的手游《王者荣耀》推出了一款和电视剧《西游记》联动的女儿国国王皮肤，上线三天销量就突破了百万套。为什么一款存在于游戏中、穿在游戏人物身上的服装能够获得玩家的追捧？这背后显示了玩家不一样的消费需求。

在现实世界中，人们购买商品时往往会注重商品的实用性，但在虚拟世界中，由于虚拟商品是体现在虚拟人物上的，美观度成了更重要的购买标准。如在游戏中，美观的皮肤设计、酷炫的技能展示和皮肤自带的背景音乐等都是吸引玩家购买皮肤的重要因素。

在游戏中，玩家愿意购买穿戴在虚拟人物身上的皮肤，同样地，在元宇宙中，用户也会愿意为穿戴于虚拟形象身上的服装买单。在元宇宙中，每个用户都会拥有自己的虚拟形象，为了获得更好的元宇宙体验、展示自身个性等，用户存在装扮虚拟形象的需求，而营销所面对的营销对象便从现实中的用户变成了这些虚拟形象。

虚拟形象科技公司 Genies 经过长期探索，在元宇宙营销方面打造出了一种新的营销模式。在 Genies 平台上，用户可以根据自己的喜好自建一个虚拟形象，这个形象可以是真人形象，也可以是动物、外星人等。

此外，Genies 平台还提供可供虚拟形象穿戴的设备，如头盔、服装、武器等，用户可以通过充值购买或参与 Genies 的官方活动获得。目前，环球音乐集团（UMG）已经和 Genies 达成了合作。Genies 为环球音乐集团旗下的艺人提供虚拟形象和可穿戴的虚拟服装。艺人可以以虚拟形象和粉丝进行互动，也可以出售其虚拟形象和可穿戴的虚拟服装，同时，获得艺人同款虚拟形象和服装的用户也可以在 Genies 平台中使用它们。

随着元宇宙的发展，将有更多的人在元宇宙中以虚拟形象生活。面对这种趋势，企业需要拓宽视野，关注到营销对象的转变，并据此推出新的虚拟商品。或许在未来的元宇宙中，聚焦虚拟形象将产生更加科幻的服装、宠物、载具等，不仅用户可以借此获得更新奇的元宇宙体验，企业也可以在新的赛道上实现腾飞。

✦ 虚拟 KOL 融入营销，成为品牌代言新趋势

请知名演员或其他知名人士为品牌代言，似乎成为当下品牌营销的重要手段之一。甚至各大品牌会比拼谁请的代言人更有名、谁请的代言人自带的粉丝流量更多。在这个过程中，不少品牌和代言人接连“翻车”（效果不好）。实际上，很多企业都投入很小的成本进行产品研发，产品品质没有得到充分保障，却高价去请明星代言人，那么“翻车”自然也是情理之中的结果。

随着元宇宙的发展，数字产品诞生了，那么是否可以使数字代言人成为产品的虚拟 KOL 呢？相比真人代言人，虚拟 KOL 与各个品牌的贴合度都更高，更有助于企业在元宇宙中进行数字化营销。特别是对于一些新生的虚拟 KOL 来说，他们几乎没有任何属性，能够随时按照品牌的需求进行代言营销，而且不会有“翻车”的风险，可谓一举两得。

例如世悦星承在 2021 年推出的由多位虚拟数字人组成的虚拟数字人矩阵，在短时间内就吸引了超百万粉丝，世悦星承

也一跃成为中国最大的虚拟数字人运营公司。

与其他虚拟数字人不同，世悦星承推出的虚拟数字人不仅使用了高超的计算机图形（CG）技术，还贯通了图片、视频、人工智能等多种功能，甚至可以引入虚拟直播引擎端进行虚拟直播。而且为了打造少女人设，世悦星承还为这些虚拟数字人设定了居住地点、健身房等多种活动场景，让她们的形象更加贴近当代年轻女性。

以虚拟数字人 Reddi 为例，Reddi 是典型的时尚少女，她注重健康，经常去健身房、游泳馆锻炼，因此有着像模特一般健美的身材。同时，她也热爱潮流文化，经常穿戴时尚服装和饰品，为此，有许多品牌慕名而来找她合作。

例如著名时尚品牌香奈儿就与 Reddi 展开了合作。在呈现作品中，Reddi 使用香奈儿香水后，周围的路人都被其身上的香味吸引，纷纷寻找迷人的香气来自何处，而 Reddi 则迈着轻快的步伐消失在路的尽头。不仅如此，在香奈儿举办的品牌香水展上，Reddi 也穿着时尚的小黑裙在其中拍照打卡，粉丝纷纷评论“你实在太适合这种氛围了”。

未来，随着多样虚拟 KOL 的出现和企业在元宇宙营销方面的深耕，虚拟 KOL 将在更大程度上取代真人明星，成为更多企业新的代言人。借助虚拟 KOL，企业不仅可以降低真人代言的风险，减少营销成本，还可以推出多样的数字产品、开展各种数字营销活动，提升企业的影响力。

✦ 虚拟产品融入营销，成为品牌营销新主体

2021 年“双 11”，天猫超级品牌日用一场“双 11 元宇宙交响”音乐会将狂欢氛围推向了高潮。在这场表演中，最让人眼前一亮的，莫过于特邀嘉宾“数字贝多芬”的加入。“数字贝多芬”以全息投影的方式出现在会场，隔空指挥，和靳海音管弦乐团一起跨越虚拟与现实的“次元壁”演奏了一曲《欢乐颂》。

在数字化发展的大趋势下，互联网商业形态不断变化，如今出现的“元宇宙经济”概念更是为品牌营销提供了想象空间。众多品牌发力布局，从现实商品转向虚拟商品，一个数字营销生态系统正在迅速构建。

作为紧跟潮流的内容厂牌，天猫超级品牌日的此次“双 11 元宇宙交响”音乐会，不仅借助黑科技让音乐大师贝多芬亲临现场，还联动了多个品牌，推出了十几款数字虚拟乐器，并紧跟当下“元宇宙”概念，将它们打造成数字收藏品，下面介绍其中几款数字虚拟乐器。

1. BOBBI BROWN——奢金之雾 · 小号

这款小号的灵感源于芭比波朗（BOBBI BROWN）的三款

纯色奢金唇膏，这三款唇膏对应着小号的三个按键，演奏时小号下方会出现相应色号的雾气。寓意为吹响对纯色的偏爱。

2. Coca-Cola——感官漫游者 · 定音鼓

这款定音鼓的灵感源于可口可乐带给大众的畅快的感官体验，定音鼓的整体造型是月球登陆器，其中可口可乐是燃料罐，演奏时会亮起光圈，罐中液体会随着鼓点起伏。寓意为可口可乐带来的味觉享受。

3. GUERLAIN——黄金之翼 · 巴松

这款巴松管灵感源于娇兰（GUERLAIN）复原蜜精华的瓶身，整体造型为透明状，内有金色液体流动，演奏时巴松管内部的发声结构推动金色液体流动，一只帝王蜂围绕管口飞旋。寓意为产品强大的治愈修复能力。

4. 小米——U 型超传感 · 竖琴

这款竖琴灵感源于小米 MIX FOLD，整体造型为一把悬浮折叠屏竖琴，演奏时屏幕会缓缓打开，琴弦在其中若隐若现。寓意为小米无尽的想象力。

5. 双 11 限定——旅人光梭 · 小提琴

这款小提琴是此次活动的限定隐藏款，其灵感源于经典旅行箱，整体造型像一把时空光梭状的小提琴，演奏时指尖与琴弓和指板相触的地方会发光。寓意为用户与历年天猫“双

11”的种种回忆。

这些数字虚拟乐器还完成了“上链”，变成了独一无二的数字收藏品，用户参与抽签发售便有机会收藏。从发售数据来看，“感官漫游者 · 定音鼓”虽然只发售一件，但有 4 万人参与抽签，可见用户的参与热情有多高。

基于品牌本身的标签，打造数字收藏品，可以让品牌以更多元的姿态出现在大众视野中，为沉淀品牌资产埋下伏笔。作为一种新型的电子收藏品，经过“上链”的虚拟商品具有独一无二、不可复制等特点，极符合当下年轻人追求个性、看重自我表达的生活态度。这不仅升级了“双 11”的玩法和体验，还为用户建立了一个新的消费文化生态，给“双 11”增加了一丝仪式感。

时代的改变，促使消费者和消费场景发生变化，虽然当下的元宇宙概念还只是对未来互联网形态的简单概括和畅想，但品牌切忌固守传统在旁观望，而是要顺应时代，转变思路，真正走入年轻群体。天猫超级品牌日的这场“双 11 元宇宙交响”音乐会，不仅彰显了天猫的创新能力，更传递出了布局虚拟营销赛道，争取年轻群体的这一野心。

今天，天猫超级品牌日可以让贝多芬“复活”，可以把品牌做成虚拟数字乐器。那么未来，任何超出常识的内容都可能出现，品牌营销空间将变得空前庞大，用户体验也将迎来新一轮升级。

未来，在新技术、新内容的加持下，虚拟营销的呈现方式将越来越丰富，当各领域都开始涉足虚拟世界后，谁能更好地把技术语言转化成商业语言，踩准年轻人的痛点，谁就能先人一步实现平台、消费者、商家的多方共赢。

✦ 虚拟场景融入营销，客户体验更真实

元宇宙能够实现现实场景的虚拟化，能够带给用户真实的沉浸感。元宇宙与营销场景相结合能够极大地变革传统营销模式，带来营销新体验。

一般而言，企业在为客户打造定制化产品之前，都要和客户沟通设计细节、展示产品模型。但受限于当下的展示技术，企业难以全面模拟并展示产品的设计流程、操作模式等，容易造成彼此理解的误差，也不利于促成销售。

但如果将营销场景搬进元宇宙中，很多沟通的问题都可以迎刃而解。如借助数字孪生平台，企业可以展示产品从设计到完成的全流程，甚至可以让客户在虚拟世界中操作产品，明确产品是否符合自己的预期。如果客户对产品的某一功能不满，企业也可以及时调整数据，改进设计方案。

同时，将营销场景搬进元宇宙中，也可以带给客户更好的购买体验，更好地促成销售。例如，当前客户在定制汽车时，可以在大屏幕中自由选择汽车的颜色、内饰、配置等，组合成自己喜欢的定制款，却无法获得真实的试驾体验。而在元宇宙营销场景中，客户按喜好定制好汽车后，还可以借助 VR 设备进入虚拟空间，驾驶汽车自由穿梭于公路、沙漠等场景中，感受汽车的功能和性能。

当前，已经有一些企业将营销场景搬到了虚拟世界。例如，帕莱德门窗就推出了一个虚拟产品体验平台，可以让用户借助 VR 设备在虚拟场景中获得真实的产品体验。借助该虚拟平台，用户足不出户就可以来到真实的营销场景，在这里，帕莱德门窗可以依据用户需求展示定制化的门窗设计方案，让其亲身体验方案最终的效果。这样的营销模式不仅能够为用户提供更多便利，还能够大大提高产品转化率。

尽管当前电商销售依旧是市场中主要的营销模式，但以发展的目光来看，以元宇宙助力营销升级是新市场需求下的必行之道。在元宇宙发展的大环境下，企业需要瞄准市场风口、紧跟时代脚步，借助新技术实现营销场景的创新。

二

元宇宙营销成为品牌营销新方向

在元宇宙营销发展的大趋势下，众品牌纷纷调整营销战略，以不同的角度切入元宇宙营销，并取得了不错的营销效果。这意味着，抓住营销趋势的品牌更能从品牌营销中脱颖而出。

✦ 虚拟营销创造新奇体验

随着元宇宙的火热发展，元宇宙已经在品牌营销领域有所应用。在营销方面，元宇宙改变了品牌与消费者的关系。

传统营销的核心是触达，即要让消费者知道自己的品牌；营销的对象是线下的消费者；形式则多为电视广告、报纸广告、户外广告牌等。传统营销的内容比较单一，几乎完全是品牌方营销理念的单向传达。而且与其说传统营销的目的是触达消费者，不如说是强制让消费者看到。

而随着互联网的发展，数字营销逐渐发展起来。相比传统营销，数字营销的核心是精准，即通过线上互动，精准地将产品推送给有需要的消费者，形式多以网络硬广为主，后来逐渐出现社群“种草”这一形式。数字营销的内容更加丰富，互动性也更强。在数字营销方式下，消费者成为品牌营销信息扩散的节点，但各个平台之间依然存在营销孤岛。

元宇宙的出现则解决了数字营销的不足之处。很多人认为元宇宙营销与数字营销是同一种营销行为，实际上并非如此。元宇宙营销在内容、概念与呈现方式等方面都与数字营销有着很大的区别。

元宇宙营销的核心是沉浸与交互，互动主体是虚拟数字人。其呈现形式具有高沉浸性，例如虚拟演出、虚拟社区、游戏等，都可以与元宇宙营销相结合。而且消费者能够参与营销内容的构建与设计，消费者的营销体验将得到极大改善。元宇宙营销平台将被打造为一个虚拟与现实交互的统一开放空间，也将不再存在营销孤岛。

例如，2022 年 1 月，奢侈品牌普拉达（Prada）在多边形（Polygon）平台上推出了一系列 NFT 作品。为了支持环保事业，提升自身品牌的公益声誉，普拉达以自己旗下的再生尼龙系列产品为主题，邀请了众多品牌粉丝参与自由创作活动。参加活动的粉丝可以在普拉达提供的产品上尽情发挥创意，最后还选取了 3000 件作品，将其铸造为 NFT，并由数字艺术家扎克·利伯曼对这3000件作品进行二次创作，使其成为一个超大规模的NFT作品。在这件作品被拍卖后，拍卖所得的80%捐给了慈善机构用来开展公益环保事业，5%分配给艺术家扎克·利伯曼，剩余15%则分配给参与创作活动的粉丝，用来鼓励他们在日常生活中坚持公益环保行为。

普拉达此次的元宇宙营销活动非常成功，因为普拉达是根据元宇宙的特点以及自身的品牌定位，采取游戏化互动的品牌营销战略。游戏是元宇宙现阶段落地的重要领域，如果将游戏与元宇宙营销相结合，就能够取得事半功倍的营销效果。

元宇宙为品牌搭建起直连消费者的营销通道。一般而言，品牌会在多个平台上开展营销活动，例如淘宝、微博、小红书等。但是多平台之间不互通会导致营销数据的割裂，例如淘宝用户张明与小红书用户Zhang Ming是同一个人，但是由于平台不互通，用户数据和用户画像也不互通，用户的数字信息依然是不明确的。而元宇宙作为一个开放、互通的统一平台，能够让品牌与消费者直接建立联系，品牌能够掌握更加有效、精准的信息，构筑更为紧密的私域空间，实现营销的降本增效。

✦ 虚拟商店成为元宇宙商业新宠

在元宇宙发展的大趋势下，互联网营销形态不断变化，元宇宙提供的虚拟空间和沉浸式交互体验为品牌营销提供了想象空间，虚拟商店成为元宇宙商业新宠。

兰蔻在 2020 年 8 月推出了首个虚拟旗舰店，该虚拟旗舰店由发现、探索、启发、直播和购物 5 个区域组成，能够为用户提供沉浸式的 3D 购物体验，用户足不出户就能够获得在高端品牌旗舰店购物的体验。

在发现区域，用户可以进行个性化测试，例如测试自己的虚拟人格等。除此之外，用户还可以了解兰蔻的明星产品小黑瓶的专利配方中的微生物学原理，在 AR/VR 技术的加成下，用户能够深入了解自己每天使用的护肤品究竟是如何产生作用的，这样身临其境的体验比线下的宣传效果要好得多。

探索区域应用了兰蔻的第 1 款人工智能皮肤诊断工具。用户可以上传自拍原图，为自己进行皮肤诊断，并获得皮肤诊断结果。该人工智能皮肤诊断工具会对照片中的皮肤状态进行分析，得出诸如皮肤缺水、毛孔粗大等结论，并提出适当的解决办法，向用户推荐兰蔻的对应产品。不仅如此，用户在此区域还可以和兰蔻的美容顾问进行面对面的专属会谈，获取更具有针对性的护肤建议。

在启发区域，兰蔻会播放一个广告片。兰蔻邀请了 100 位女性，让她们在广告片中分享自己的故事。这些女性有各个领域的佼佼者，也有普通人，但她们都是一群努力生活且富有魅力的女性。她们将与兰蔻一起建立一个强大的女性线上社区，鼓励更多女性加入她们，踏上寻找自我之旅。这实际上是兰蔻在利用元宇宙营销宣传自己的品牌价值观，以吸引更多女性消费者。

在直播区域，兰蔻邀请了一些名人和特别嘉宾，进行元宇宙访谈直播。主持人将和这些名人嘉宾一起，就女性力量和自我探索的话题进行讨论，直播区域吸引了不少女性观众前来参观。

在购物区域，兰蔻为全体访客提供了购物优惠。这个区域更像线下兰蔻实体店，展示了很多兰蔻不同系列的经典产品。用户在此区域还可以利用兰蔻提供的个性化机器定制自己的专属护肤品。

此次兰蔻推出的虚拟商店充分向消费者和潜在消费者展示了自己的实力，也向更多人宣传了兰蔻的理念与价值观。例如很多男性原本对护肤品没有什么兴趣，但是由于这是采用AR/VR 等技术搭建的虚拟商店，充满科技感，他们就会被吸引从而进入参观。在参观过程中，他们也有可能去做趣味测试和皮肤诊断，在不知不觉中就会了解兰蔻的理念，接受兰蔻的价值观。对于很多男性来说，护肤品和前沿科技的结合本身就是很奇妙的搭配，而一旦接受这样的设定，人们就很难再遗忘。那么下次再需要购买护肤品时，他们就会在第一时间想到兰蔻。因此，这无疑是一场成功的营销。

✦ 打造虚拟品牌，面向虚拟世界进行营销

除了传统品牌借元宇宙趋势进行虚拟营销变革外，一些纯粹的虚拟品牌也借着元宇宙的东风顺势发展。总部位于克罗地亚的虚拟时装公司 Tribute Brand 就是其中的代表。

在 Tribute Brand 的电子商城里，用户可以购买各种款式和颜色的虚拟服装。之后，用户可以将购买的虚拟服装添加到自己的照片上，并发布到社交网络中。

Tribute Brand 虚拟服装有四大特点，分别是无运费、无浪费、无性别、无尺寸。

无运费指的是 Tribute Brand 的虚拟服装没有发货运输环节，用户只需要在官网上下单，再按照要求将照片发到后台即可。从购买服装到分享穿戴服装的照片，所有流程都是在线上完成的。现实中的服装在设计过程中会不可避免地造成资源浪费，同时，大量过时、破损的衣服在掩埋、焚烧过程中也会造成环境污染。而 Tribute Brand 能够实现无浪费，其虚拟服装不会使用现实中的布料，同时如果用户不再想穿戴虚拟服装了也

可以一键删除，不会造成污染。

无性别指的是 Tribute Brand 旗下服装都是无性别产品。Tribute Brand 不会在服装上堆积各种用于区分性别的设计符号，蕾丝、领带等元素也会被打乱，形成了无性别时尚风格。

无尺寸指的是现实中的服装存在不同的尺码，适合不同的人群，而 Tribute Brand 的虚拟服装不存在尺码，适合所有体型、所有性别的用户。只要用户想要体验这种虚拟时尚，就可以拥有适合自己的虚拟服装。

在品牌创立之初，Tribute Brand 收获的用户并不多，但在新冠疫情暴发，线下社交受阻之后，Tribute Brand 迎来了快速发展。一方面，疫情之下，很多线下时装秀都被取消，产品销售额大幅下跌，而 Tribute Brand 以虚拟时装为特色，产品销售不受现实环境的影响。另一方面，疫情使得线下社交受阻，而 Tribute Brand 可以在社交网站上分享的虚拟时装则满足了人们的社交需求，得到了更多用户的青睐。

Tribute Brand 引领了虚拟时尚的潮流，也迎合了时代发展的脚步。在元宇宙备受关注的当下，越来越多的企业开始探索虚拟时尚，而 Tribute Brand 发展虚拟品牌的实践也有了无限潜力。未来，在逐渐成熟的元宇宙中，虚拟品牌将成为时尚主流，获得更好的发展。

第十一章

交易+元宇宙：数字内容展现交易价值

在元宇宙发展的过程中，新兴技术与经济的结合促使经济活动走向虚拟化，以数字内容为交易主体的元宇宙交易得以壮大。这一发展将为企业发展带来新的机遇。

一

元宇宙经济体系助力元宇宙交易

元宇宙中存在完善的数字经济体系，这使得人们可以在其中进行创造、交易，并获得收益。同时，基于元宇宙经济体系与现实经济体系的联通，人们可以将现实资产转化为虚拟资产，也可以将虚拟资产兑换为现实中的货币。

✦ 数字经济迎来新发展

二十国集团（G20）杭州峰会在《二十国集团数字经济发展与合作倡议》中对数字经济进行了定义：数字经济是指以使用数字化的知识和信息作为关键生产要素、以现代信息网络作为重要载体、以信息通信技术的有效使用作为效率提升和经济结构优化的重要推动力的一系列经济活动。

随着互联网技术、数字技术的不断进步，数字经济已经成为现代经济的重要组成部分。特别是在新冠疫情暴发之后，实体经济遭受了巨大冲击，例如餐饮业、制造业等依赖实体场地为生的行业都承受着相当大的压力，于是大力发展数字经济的重要性便愈发凸显出来。

其中，元宇宙经济作为数字经济的重要组成部分，不仅是数字经济未来发展的主要方向，同时也是稳定经济形态的重要手段。据著名投资机构普华永道预测，2030年，元宇宙的市场规模将达到15000亿美元。

很多人认为数字经济和元宇宙经济都与自己无关，实际上在日常生活中出现的视频、音频、数字教育产品、数字医疗产品等都属于数字经济的范畴。例如网易之前推出的数字唱片，就属于元宇宙NFT的一种。

元宇宙经济实际上就是数字经济在元宇宙中的延伸，也是互联网经济发展的新方向。元宇宙将打开数字经济广阔的发展市场，成为数字经济新的发力点。

元宇宙经济与数字经济的区别如下。

首先，数字经济依然建立在实体经济之上，与实体经济密不可分。而元宇宙经济则不同，元宇宙经济是完全去中心化的经济体系，更有活力。

其次，在现在的UGC平台中，用户虽然能够通过创作获取收益，但是还要将一部分收益分给平台。而元宇宙中的用户通过创作所获得的收益则完全属于用户自己，没有中间商分走利益。

最后，元宇宙的经济体系能够实现多人共治。元宇宙的用户不仅是经济的创造者，也是经济的管理者。去中心化自治组织能够实现多人共同治理，解决经济体系中出现的信任问题，其优势主要体现在以下 3 个方面。

（1）去中心化自治组织中不存在中心节点，它通过参与者之间的交互实现组织目标。同时，它遵循平等互惠的治理原则。

（2）去中心化自治组织高度自动化，依赖智能合约实现管理流程的程序化。

（3）去中心化自治组织中的一切规章制度都是公开、透明的，让每一位参与者的利益都能够得到公平的保障，使组织运转更加和谐。

总之，作为数字经济的下一站，去中心化的元宇宙经济将开辟新的经济创造和经济治理模式，推动数字经济进一步发展。

✦ 元宇宙经济体系逐渐建立

作为与现实世界平行的虚拟世界，元宇宙需要有自己的经济体系，以支撑整个生态体系运转。这个生态中有商品、商家与消费者，因此元宇宙经济同样遵循价值交换的原则。但与现实世界不同的是，元宇宙中的商品都是虚拟的，因此元宇宙经济所遵循的交换原则也与现实世界中的不同。

而随着元宇宙的发展，以后会出现越来越多的数字产品，例如元宇宙游戏、虚拟数字人等。我们可以将这些数字产品分为 3 类：信息娱乐产品，概念产品以及服务产品。而这些数字产品的创造、交换就构成了元宇宙经济体系的雏形。

元宇宙经济体系主要包括 4 个要素，即数字产品、安全机制、交易市场、数字货币。它们在元宇宙的运行模式如下：用户通过数字工具创造出数字产品，数字产品在安全机制的保障下实现流转，催生交易市场，用户可以在交易市场中使用数字货币进行数字产品交易，如图 11–1 所示。

图 11–1　构建元宇宙经济体系的 4 个要素

1. 数字产品

现实世界中的产品以实物产品为主，而在元宇宙中，用户使用数字化工具创造出来的则是数字产品，例如元宇宙中的虚拟建筑、虚拟景观等。有了产品、内容，才可以进行后续的经济体系搭建，因此，数字产品是搭建元宇宙经济体系的基础。

2. 安全机制

在元宇宙的安全机制的保障下，用户创造出来的数字产品才可以转化为用户的数字资产。数字资产的产权属性为后续的数字交易提供了支持。即使是实物产品，也有被盗版的风险，而复制起来更为容易的数字产品也会存在版权问题。

元宇宙的安全机制依赖区块链实现，区块链可以有效保障数字资产的版权安全。区块链可以构造一个底层平台，通过智能合约和去中心化，将每一件数字产品上链，确保其独一无二，为版权保护和产品流通保驾护航。

3. 交易市场

数字产品有了清晰的产权归属后，就可以在交易市场中进行交易了。交易市场是进行数字产品交易的场所，能够满足所有用户的交易需求，同时交易市场中也存在一定的市场规则。在规则的约束下，交易市场才能有效运转。无论是在现实世界中，还是在元宇宙中，没有市场就不会产生交易，没有交易就没有资产流动，没有资产流动，整个经济生态就是一潭死水。有序、和谐的交易市场对于元宇宙经济的健康发展是十分重要的。

4. 数字货币

产品交易需要媒介，现实世界中货币承担了这一角色，而在元宇宙中承担这一角色的则是数字货币。如果没有数字货币，那么市场中的交易就缺少统一的标准，人们无法衡量交易是否合理。例如有人用自己的数字别墅与他人交换了一套数字餐具，这笔交易显然不合常理。

以上 4 个要素相互联系、相互作用，构成了元宇宙经济体系的雏形。那么元宇宙经济体系有何特点？

（1）生产计划与市场需求相匹配。在元宇宙中，数据是重要的生产元素，而海量的数据也意味着生产资源是无限的，这并不利于构造交易市场。因此，必须人为地使数字产品具有稀缺性。

元宇宙公司能够根据用户需求去限定产品的发售量，并通过对数据进行统计找到最合适的价格，这样既不会让价格太高吓退消费者，也不会让价格太低导致利润微薄。这样一来，数字产品的生产计划就能够与市场需求相匹配，保持利润最大化的同时还能够避免浪费。

（2）责任与权利相统一。用户在元宇宙世界中更加自由，具体体现在用户可以自由竞争、自由选择、自由交易。但是这种自由并不意味着用户在交易市场中可以为所欲为，不受任何监管。为了保证交易市场稳定、有序运转，避免出现作弊、垄断等行为，维护元宇宙中用户的经济利益，社区自治、第三方监管和政府监管等措施相继问世。只有用户的责任与权利相统一，元宇宙经济体系才能够有序运行。

（3）信用留痕。很多人认为在元宇宙中做一些不为人知的事情是安全的，因为元宇宙具有去中心化的特性，会严格保护自己的数据。实际上并非如此。在元宇宙中，用户的每一次操作都会留下痕迹，一切行为都有数据记录，而且这些行为都会和个人信用挂钩，更像是数字版的个人征信。如果有人因为多次违规交易而上了征信黑名单，那么其他人就可以选择不与他进行交易或合作。

二

NFT 成为元宇宙交易核心要素

基于 NFT 的支持，数字内容可以拥有明确的价值，同时具有了流通属性，变成可以交易的主体。当前，元宇宙游戏中的 NFT 交易、NFT 商品交易等都获得了较快发展，与之相关的 NFT 交易平台也得以崛起。

✦ NFT 助力数字资产确权

NFT 是一种具备唯一性和不可分割性的通证，这种特性意味着它可以和其他具备唯一性的物品绑定，如游戏中的稀有装备、艺术家创作的数字艺术品等。由于每一个 NFT 都是唯一的，拥有了 NFT 就意味着拥有了其锚定物的价值。同时，NFT 可以将锚定物的相关权利、交易信息等记录在智能合约中，并在区块链上生成一个无法篡改的唯一编码。

当前，人们已经在互联网上创造了海量的数字内容，但它们很难被合理地定价并交易。而一旦数字内容与 NFT 绑定，人们所拥有的资产类型将呈指数级增长，同时，这些数字资产的流通门槛也会大大降低。这意味着，随着海量数字内容转化为数字资产，广阔的数字资产交易空间将打开。

此外，创作者经济是元宇宙经济的重要表现形式。对于创作者来说，创作内容的确权十分重要。如果创作内容的所有权具有不确定性，那么创作者就难以通过创作获得收益，进而UGC 也将失去活力。而 NFT 对于数字资产的确权能够解决数字资产流通中的版权问题，激发创作者在元宇宙中的创作积极性。

同时，NFT 还能够让创作者获得更多收益。在目前的一些UGC 平台中，创作者虽然可以通过创作获得收益，但也要将一部分收益分给平台方。而在未来去中心化的元宇宙中，创作者可以直接和买家进行 NFT 交易，获得更多收益。并且，在之后该 NFT 的转让出售中，创作者还可以得到一定比例的收益。这不仅让创作者获得的收益更可控，也让创作者实现了长期赢利，更利于刺激创作者生产内容。

✦ NFT 融入游戏，玩家实现边玩边赚

游戏领域是 NFT 落地的主要领域之一，自元宇宙概念爆发之后，NFT 游戏也站上风口，获得了更多企业和用户的关

注。在其发展的过程中，不仅衍生出了多样的内容和玩法，也展现了新的经济运行模式。

加密猫是早期 NFT 游戏中的代表。其中的每一只猫都有一个 NFT 编码，拥有独特的价值。两只猫配对之后会产生一只小猫，其造型和价值都是独一无二的，造型越稀有价值也会越高。

玩家可以在交易市场将获得的小猫出售，以此获得收益。相比传统的养成类游戏，这种边玩边赚（“Play 2 Earn”）的模式更能激发玩家参与游戏的积极性。

“Play 2 Earn”模式展示了游戏与金融结合的游戏化金融（GameFi）的一种表现形式，而 GameFi 体现了元宇宙经济体系的雏形。随着元宇宙的发展，GameFi 领域迎来了爆发，出现了一些更新奇的 NFT 游戏。其中，Axie Infinity 就是当下十分火热的一款 NFT 游戏。

和加密猫相同，Axie Infinity 也是基于虚拟宠物的 NFT 游戏，不同的是，Axie Infinity 融入了更多样的玩法。玩家在购买了虚拟宠物 Axie 后，可以饲养并繁殖新的 Axie，或者通过其参与战斗。战斗模式和繁殖模式是推动游戏经济体系不断运转的核心。在战斗模式中，玩家可以操作 Axie 进行战斗，并获取游戏代币 SLP 和 AXS。在繁殖模式中，玩家可以通过两只 Axie 的配对得到新的 Axie。

为了实现“Play 2 Earn”模式，Axie Infinity 搭建了完善的经济系统。玩家可以通过战斗、繁殖或参与关键治理投票等获得游戏代币，也可以出售游戏代币获得真实的收益。在这个形成闭环的经济体系中，有游戏代币的产出渠道，也有交易赚取收益的渠道，大大激发了玩家参与游戏的积极性。

基于“Play 2 Earn”模式，NFT 游戏在为玩家提供多样玩法的同时也实现了玩家通过游戏创收。游戏内部存在完善的虚拟经济体系，支持玩家生产创造或交易，积累虚拟资产，同时，这些虚拟资产也可以兑换为现实世界中的真实资产。虚拟经济体系和现实经济体系的连通搭建了元宇宙经济体系的雏形。

✦ NFT 融入社交，成为社交新风口

搭载区块链技术的数字艺术品、数字藏品就能成为 NFT。NFT 可以被应用在多个领域，例如医疗、房地产、知识产权、艺术品等。而 NFT 也可以与社交相结合，成为社交新风口。

2021 年 8 月，NBA 球星库里将自己的推特头像换为一个猿猴，这是 BAYC（Bored Ape Yacht Club，无聊猿猴游艇俱乐部）的 NFT 作品之一。这个价值 18 万美元的猿猴头像就是

NFT 和社交相结合的产物。库里用 18 万美元购得的不仅是该 NFT 头像的所有权，还包括其商业使用权。这就意味着库里可以使用这个头像设计并发售商品，而所得利润都归库里自己。

除此之外，TikTok（抖音国际版）在 2021 年 10 月推出了首个 NFT 产品。它将创作者发表在该平台上的热门视频中的精彩片段剪辑并上链铸成 NFT 产品发行，所得收益将分配给相关创作者和 NFT 艺术家，用来鼓励他们继续创作，并为其提供版权保护。

而推特则在 2022 年 1 月宣布推出一项新的功能：允许用户将自己拥有的 NFT 作品设置为个人头像。推特希望能够将去中心化的技术融入社交平台，让 NFT 以代表用户社交身份的方式来加入加密社区。

以上真实的案例都印证着人们的社交生活早已经和 NFT 息息相关。由于技术的限制，NFT 平台目前只能呈现一些图片形式的数字产品。随着技术的不断发展，未来，NFT 平台将能够呈现任何形式的数字产品及内容。

例如微博上的文字内容在将来也可以上链成为 NFT 产品，获得版权保护。在刷微博的时候我们不难发现，很多博主都反映自己的博文内容被人抄袭，即使举报也很难维权。而抄袭者早已赚取了大量粉丝流量，有流量就意味着有利润。

如果每一条微博都可以自动生成 NFT，那么就能够从源头杜绝抄袭现象，提高人们的版权意识。由此可见，NFT 将成为社交领域的下一个风口。相信随着时代的发展，NFT 社交能够使人们的社交生活更加便利、安全。

✦ 头部 NFT 交易平台取得长足发展

在数字经济发展的过程中，市场中已经产生了一些 NFT 交易平台，而进入 2021 年后，乘着元宇宙的东风，NFT 交易平台取得了长足发展。NFT 交易的全部流程都是在线上完成的，不需要线下的生产、物流、交付等环节。同时，不同于电商平台一、二级市场相对分离，NFT 交易平台能够打通一、二级市场，建立统一的数字交易平台，产生更高的交易频次与交付效率。

当前，市场中活跃着许多 NFT 交易平台，如 OpenSea、Rarible、Foundation 等，其中，凭借先发优势，OpenSea 已经成为行业中最大的 NFT 交易平台。

OpenSea 是当前市场中涵盖种类最多、数字商品最多的 NFT 交易平台，支持用户在平台上铸造和交易 NFT。同时，OpenSea 在市场中占据着无可替代的优势地位，2021 年 8 月，OpenSea 的 NFT 交易金额突破 10 亿美元，占全球 NFT 交易规模的 98.3%。

OpenSea 的优势主要表现在以下 4 个方面，如图 11-2 所示。

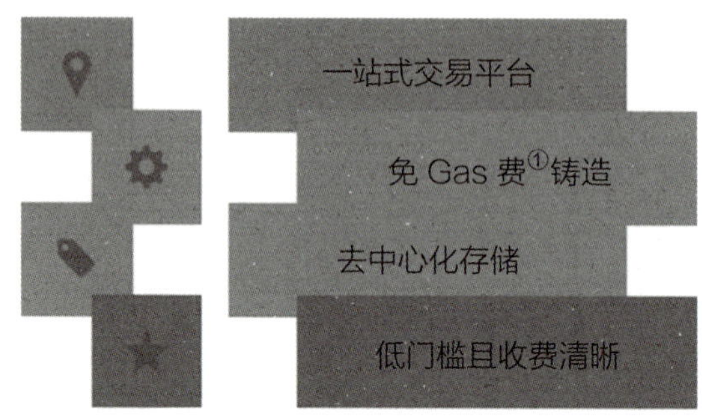

图 11-2 OpenSea 的优势

1. 一站式交易平台

OpenSea 是跨链、跨品类的 NFT 综合交易平台，不仅能够为用户提供便利的一站式交易服务，也能够集中流量，提高商品的曝光度。OpenSea 支持以太坊、Polygon 等多种区块链，便于用户轻松在平台上完成不同链上的 NFT 交易。同时，OpenSea 也不限制 NFT 的品类范围，如虚拟土地、游戏皮肤、音乐、艺术品等，都可以在 OpenSea 中交易。

2. 免 Gas 费铸造

一般而言，用户在 NFT 交易平台中铸造 NFT 或交易 NFT

---

① Gas 费直译为“汽油费”，Gas 最初是在以太坊区块链上实现的，用于衡量信息消耗的计算和存储资源。——编者注

时都要给平台支付服务费，即过路费。而用户在 OpenSea 上铸造 NFT 不需要支付 Gas 费，只有在成功出售商品时，用户才需要支付 Gas 费。这种模式很大程度上大降低了用户的参与门槛和参与风险。

3. 去中心化存储

OpenSea 上 NFT 的数据存储在去中心化的网络中，保障了数据的安全性。在去中心化的网络中，NFT 数据被分散到多个节点上，同时这些数据以私钥加密，区块链中的其他参与者无法查看这些数据。同时，去中心化网络的不可篡改性也有效保证了 NFT 数据的安全。

4. 低门槛且收费清晰

和其他 NFT 交易平台相比，OpenSea 的用户门槛更低，不设发行限制，任何用户都可以铸造 NFT。同时，在用户交易 NFT 时，OpenSea 只收取 2.5% 的手续费，收费标准清晰。此外，用户可以对 NFT 设置版税，当 NFT 进行再次交易时，用户可以获得相应的版税收入。

基于以上 4 个优势，OpenSea 在 NFT 市场中一骑绝尘，占据了领先地位。而除了 OpenSea 外，火爆的 NFT 交易市场也催生了诸多新的 NFT 交易平台。未来，NFT 交易市场将进一步繁荣。

三

核心机会聚焦：元宇宙交易的多方实践

NFT 交易中潜藏着巨大的商业机会，将开启巨大的获利空间。基于此，诸多品牌与互联网大厂纷纷入局，或推出 NFT 商品，或推出 NFT 交易平台，力求抓住机遇。

✦ 虚拟土地：元宇宙中的重要资产

虚拟土地作为元宇宙中的重要虚拟资产，也是 NFT 交易的主要品类。在元宇宙中，每一块虚拟土地都会拥有与众不同的 NFT 编码，产生巨大的商业价值。土地开发商和其他用户可以进行虚拟土地购买、出售、租赁等交易，并在虚拟土地上搭建商场、住宅区等。

当前，虚拟土地的玩家主要有两类。第一类是虚拟土地供应商，即 NFT 游戏开发商，包括 Decentraland、The Sandbox 等。其中，Decentraland 是一个建立在以太坊上的虚拟世界，玩家可以在其中进行社交和游戏，也可以购买虚拟土地，在其中建造城市、商店等。2021 年 12 月，Decentraland 上的一块虚拟土地以 243 万美元的价格成交，刷新了虚拟土地的成交纪录。该虚拟土地的买家表示，其将在未来利用这片土地发展数字时尚产业。

第二类是买家，主要为想要探索元宇宙的企业和个人买家。在拥有了虚拟土地后，买家就可以将现实中的商业场景转移到元宇宙中，开辟新的获利空间。例如，苏富比在 Decentraland 中建造了一个虚拟画廊，并在其中展示将要拍卖的 NFT 作品。在拍卖活动中，人们可以进入虚拟画廊近距离观看这些 NFT 作品，了解作品理念、创作者等相关信息，也可以参与竞价并购买 NFT 作品。

整体来看，虚拟土地虽然看不见、摸不到，却有超强的吸金力。数据提供商 Dapprader 发布的数据显示，2021 年 11 月，Decentraland、The Sandbox 等 NFT 游戏中产生了大量的虚拟土地交易，交易量突破 2.28 亿美元。

虚拟土地交易备受追捧的原因在于能够给卖家带来可观的收益。例如 The Sanbox 中一块虚拟土地的初始价格为 99.9 美元，而在几经交易后，这块虚拟土地的价格达到了 6.8 万美元，价格翻了数百倍。而 Decentraland 中一块初始价为 9.8 万美元的虚拟土地，在经过两次交易后价格达到了 75.8 万美元。

虚拟土地火热交易的背后，显示了其广阔的发展前景和投资者对其的热情。当前，会议、演唱会、购物等诸多场景都已经在虚拟世界实现，未来，随着元宇宙的发展，其融入的场景也会越来越多。项目众多的游乐场、拥有海量商品的虚拟购物商城等都可以在元宇宙中实现，而这一切都是建立在虚拟土地上的。以发展的眼光来看，虚拟土地将在元宇宙经济中占据重要地位。

✦ 与知名 IP 合作，推出 NFT 商品

强大的 IP 能够影响众多的粉丝，引导粉丝的购买倾向，而当 IP 与 NFT 结合后，又将擦出怎样的火花？2021 年 3 月，美国经典 IP《美国众神》品牌旗下的 250 份 Technical Boy 系列 NFT 商品在 5 分钟内售罄；好莱坞 IP《神奇女侠》主题系列 NFT 商品销售总额达 185 万美元。诸如此类的经典 IP 在 NFT 领域并不少见，往往能够引发粉丝的抢购热潮。在这一趋势下，为了抓住 NFT 交易的红利，许多企业都依托知名 IP，推出了具有影响力的 NFT 商品。

2021 年 6 月，支付宝联合敦煌美术研究所发布了敦煌元素的限量版 NFT 付款码皮肤——“敦煌飞天”和“九色鹿”。该 NFT 付款码皮肤是基于敦煌美术研究所的敦煌 IP 而设计的，

体现了浓厚的敦煌壁画风格。用户可以以 10 支付宝积分加 9.9 元进行兑换，将其设置在付款码上方。

该商品上线后引发了人们的抢购热潮，1.6 万个 NFT 付款码皮肤瞬间售罄。除了支持买家在支付宝上使用该皮肤外，发行方并未向买家出售该作品的版权。换言之，买家只拥有该皮肤的使用权，而不能进行二次交易。

支付宝 NFT 付款码皮肤的推出显示了阿里巴巴在 NFT 交易方面的探索，也展示出了企业入局 NFT 的一种形式：企业可以联合知名 IP 或以自身旗下 IP 为切入点，推出有影响力的 NFT 商品，如和知名艺术家合作推出 NFT 商品、和全球知名的动漫 IP 合作推出 NFT 商品、以自身游戏 IP 推出 NFT 商品等。这也是很多企业拓展 NFT 业务的常用方法。

不论是艺术家还是动漫 IP，其核心价值就在于自带流量，能够吸引粉丝为 NFT 作品买单。在市场需求下，NFT 能够被顺利销售，同时买家也可以通过持有 NFT 商品获取后期升值带来的利润。从赢利的角度看，与 IP 结合推出 NFT 商品是企业探索 NFT 领域的可行途径。

✦ 聚焦 NFT 铸造与出售，推出 NFT 交易平台

NFT 交易平台是 NFT 流通中必不可少的要素，同样也是

等待开拓的蓝海市场。因此，除了推出 NFT 作品外，企业还可以从平台入手，打造 NFT 交易平台。

2021 年 8 月，腾讯旗下的幻核 App 与访谈节目《十三邀》共同开发的有声《十三邀》数字收藏 NFT 正式发售，300 个 NFT 几乎瞬间售罄。

这是幻核 App 首次进行 NFT 发售，腾讯也由此正式进入了 NFT 市场。此次发行的 NFT 是一个交互体验页面，集成了诸多《十三邀》嘉宾的数字音频，内容来自《十三邀》的节目内容。通过 NFT 这一形式,《十三邀》嘉宾的金句可以被永久珍藏。此外，用户在购买 NFT 后，可以将自己的头像和在第五代超文本标记语言（H5）页面上的互动信息刻录到唱片上，并存储在区块链上。这种互动形式提升了 NFT 的收藏价值。

如果不对 NFT 的流通进行监管，则很容易产生炒作问题。为了规避这个问题，幻核 App 进行了相应的技术封堵。用户需要完成实名认证才能进行 NFT 作品认购，同时，NFT 一经认购，就会与用户永久绑定，不支持二次交易。此外，并不是所有用户都能够在幻核 App 发布 NFT 作品，只有经过平台授权的品牌、艺术家等，才能发布 NFT 作品。这也避免了在平台上发布的 NFT 作品出现版权问题。

从本质上看，幻核 App 不开放二级市场，而只是一个

NFT 开发与销售平台。和国外承载海量交易的 NFT 交易平台相比，幻核 App 的目标在于引入更多的 IP 方，制作出精良、多样化的 NFT 作品，提升用户收藏 NFT 的体验感。在 NFT 市场尚待开发、监管体制并不完善的现在，幻核 App 的交易模式能在合规的路上走得更远。

第十二章

前景展望：元宇宙未来可期

当前，受限于技术的发展，元宇宙只是显现了雏形状态，而在未来，伴随着技术的发展，元宇宙将逐渐走向成熟。未来，元宇宙覆盖的领域和人群将越来越多，将更多人带入庞大的虚拟世界，实现人类的数字化生存。

一

技术迭代，虚实界限日益模糊

未来，元宇宙相关技术将进一步发展，并逐渐走向融合，为元宇宙提供更强大的技术支持。在更先进技术的赋能下，元宇宙的边界将不断扩展，其与现实的界限也将不断模糊。

✦ VR 技术升级，多感官沉浸

元宇宙能够为人们提供一个无限接近真实且支持自由交互的虚拟空间，借助 VR 设备，人们不仅可以看到逼真的虚拟场景，还能够自由地在其中奔跑、跳跃、搏斗等。但元宇宙带来的并不只是视觉上的沉浸感和行动上的自由感，而是覆盖全感官的沉浸感。

具体而言，VR 设备创造出的虚拟世界需要满足以下沉浸体验。

（1）视觉沉浸：视觉沉浸表现为人们可以看到逼真的虚拟环境、可以根据虚拟世界营造的空间感分析自身所处的位置，如身处高楼上、身处山谷中等。同时，虚拟世界还要保持极高的刷新率，虚拟场景可以随人们的视野变化实时刷新。

（2）听觉沉浸：听觉沉浸表现为借助 VR 设备，人们可以如同在现实世界中一样听到周围环境中的声音，包括周围的说话声、奔跑的风声、动作产生的细微声音等。同时，虚拟世界中的声音还应随空间的远近而变化，模拟出真实的听觉体验。

（3）触觉沉浸：触觉沉浸表现为人们能够在虚拟世界中获得拟真的力反馈和触觉反馈。例如，当人们用手击打虚拟物品时，可以获得拟真的力反馈；在触摸虚拟物品时，也可以根据触觉反馈感知物品的质感。

（4）嗅觉沉浸：嗅觉沉浸表现为人们可以在虚拟世界中获得拟真的嗅觉体验，如可以闻到花朵的花香、树木的清新气味等。

当前，在 VR 创造的沉浸体验方面，很多公司都已经做出了尝试。例如，在听觉沉浸方面，Roblox 计划在平台中融入“空间语音”功能，该功能可以加深玩家在虚拟世界中的沉浸感。在现实中，人们会通过声音进行各种交互，如和朋友一起欢呼、向远处的朋友呼喊等。这些场景在虚拟世界中的实现能够提升玩家的沉浸感。而借助“空间语音”功能，玩家能够自然地和身边的朋友低声私语、呼叫远处的朋友等。

再如，在触觉沉浸方面，市场上已经出现多款触觉沉浸手套。以 VRgluv 触觉手套为例，低延迟、高自由度的追踪定位和 360 度无死角拇指跟踪系统使得这款手套可以捕捉复杂的手势动作并将其真实还原到虚拟世界中。同时，该触觉手套中埋入了诸多力度传感器，当虚拟世界中的手和物品产生接触时，力反馈技术会利用制动装置使用户感受到物品的软硬程度和重量，感受到真实的触感。

当前，受限于技术水平，VR 设备在沉浸感方面尚需完善，如存在卡顿、带来眩晕感、动作捕捉延迟高、未能实现全感官沉浸等。而在未来，随着 5G、6G 的发展以及视觉沉浸、听觉沉浸、触觉沉浸、嗅觉沉浸等方面技术的成熟，全感官沉浸的 VR 体验将成为现实，人们在虚拟世界中将得到更加真实的沉浸体验。

✦ AR 技术发展，增强现实感知

未来 AR 除了使虚拟世界中的虚拟体验更加真实外，还将进一步发展，落地于更多场景中，营造更真实的沉浸式环境，以提供多种信息的方式增强人们对于现实的感知。具体而言，AR 可以在以下诸多场景中实现虚实相融。

1. AR 实景导航

借助 AR 地图软件，当用户发起 AR 实景导航时，眼前就会呈现与实景融合的虚拟导航指引。标志性的建筑信息、路径、时间等都会浮现在眼前。交互式 AR 地图可以为用户提供基于位置方向的实景路线导航，并可以让用户与周围场景有更多的立体互动。

2. AR 展示导览

AR 展示导览即通过 AR 扫描地图触发动态画面，如商品介绍、景点介绍等。该技术被大量应用于博物馆对展品的介绍中，通过在展品上叠加虚拟文字、视频等，为游客提供全面的导览介绍。游客可通过语音、手势等和虚拟文物实时互动，实现人、景、物的实时交互体验。

3. AR 场景还原

AR 场景还原可以用于现实场景的复原展示，如在文物原址上将复原的虚拟场景与现实残存的部分完美结合，为人们提供身临其境的游览体验。例如，AR 旅行应用“巴黎，过去和现在的指南”就将游客带到了 20 世纪的巴黎，为游客提供了虚实结合的沉浸体验。

当前，在借助 AR 引虚入实方面，许多企业都做出了探索。例如，2021 年 11 月，华为基于虚实融合的河图技术开发了一款 AR 交互体验 App“星光巨塔”。借助这一 App，用户可以开启一个虚实融合的世界，虚拟的九色鹿可以出现在草地上，闪闪发光的能量塔也会出现在现实中。

同时，星光巨塔打造了多种激光扫描增强现实（LBS AR）玩法。用户可以定位 AR 内容，并收集能量、寻找宝箱、占领能量塔、团战打 BOSS 等，最终获得游戏的胜利。在整个游戏过程中，拟真、与现实相融的虚拟场景能够大大提高用户游戏的沉浸感。

星光巨塔的打造是 AR 场景融入现实的一种尝试，为用户带来了别样的体验。而在未来，在更多企业的发力下，AR 应用将在更多场景落地，更多的虚拟场景将进入现实。元宇宙的边界会逐渐向现实世界扩展，虚拟世界和现实世界的界限也会进一步模糊。

✦ AI 助力虚实交互，连接虚拟与现实

元宇宙的范围非常大，不仅包括虚拟部分，还包括虚拟世界与现实世界融合的部分。元宇宙与现实世界并没有泾渭分明的界限，相反，随着时间的推移，二者彼此融合，在虚实交融间为人们带来别样的体验。

很多人认为，进入元宇宙、打造元宇宙的主要工具就是 XR 设备，例如 VR 头显、AR 电脑桌面等。实际上，元宇宙的底层支撑技术不止 XR，AI 也是重要的支撑技术之一。例如在

《西部世界》中与AI仿生人互动，或者在《头号玩家》中和虚拟数字人一起走进太空，都离不开AI的支持。

例如知名虚拟偶像洛天依就是一位虚拟数字人，作为出道较早的虚拟偶像，洛天依的外貌如今已经有了很大的改变——从最初脱胎于二次元的平面2D风格演变为如今的3D写实风格。不仅如此，其互动性也大大提升。最初的洛天依就像执行唱歌程序的人形计算机，而现在的洛天依不仅能唱会跳，还能够担任节目主持人，与真人主持人同台互动，即使是台本中没有的话也能够迅速接上。很多观众感慨："洛天依简直就和真人一模一样。"而这一切都得益于AI引擎的应用。

以AI引擎驱动的虚拟数字人具有深度学习能力，简而言之，他们可以像人类一样通过积累学习经验构造新的认知图式，进而表现出新的行为，这也是为什么洛天依能够接上台本中不存在的话。特别是对于虚拟主持人来说，面对突发事件时，他们需要像真人一样拥有随机应变的能力，而不只是按程序设定行事。

AI改变生活，助力元宇宙的发展，这已经成为众人的共识。2021年世界人工智能大会上，商汤科技表示通过商汤打造的人工智能基础设施SenseCore商汤AI大装置和多种AI技术平台，能够解读虚拟世界与现实世界连接的奥秘。

想要连接虚拟世界和现实世界，首先，要使物理空间数字化，利用数字孪生技术构建出一个虚拟空间；其次，要使虚拟空间智能化，通过 AI 等技术打破虚拟世界与现实世界的边界，虚实叠加的世界将更加丰富多彩。

随着 AI 的发展，它将渗透到更多行业和领域，例如交通、医疗、智能制造、城市管理、金融等。例如在智慧城市中，道路巡查依然依靠人工，事件反应并不及时；而如果采用 AI，则能够大大提升事件反应的及时性和准确性。

✦ 脑机接口：进入元宇宙的超级入口

元宇宙的形成依赖各种技术提供的真实沉浸体验，但现有技术所创造的真实感尚存在欠缺。例如，当人们戴上 VR 眼镜在虚拟世界中体验过山车时，能够在拟真的环境下产生紧张感，却体会不到俯冲时的失重感和爬升时的压迫感。

而脑机接口作为人们进入元宇宙的另一个入口，也将成为元宇宙未来发展的方向。《攻壳机动队》《黑客帝国》等科幻作品都对脑机接口进行过想象。大脑与电脑连接后，人们可以在虚拟世界中自由获得信息、开展社交，甚至拥有味觉、触觉等感官体验。相比当前的 AR、VR 等技术，脑机接口将提供颠覆性的元宇宙体验。

在当前的游戏中，玩家的攻击、跳跃等动作都是预设的，无论玩家如何操作，预设动作都不会改变。而脑机接口用意志控制虚拟化身的行动，玩家可以在虚拟世界中自由行动，随心所欲地进行交互，实现更自由的操作。

除了摆脱预设动作的“枷锁”外，脑信号的双向传输使得多种感官反馈成为可能。在这种情况下，当人们在虚拟世界触摸一块石头时，能感受到石头的纹路、温度、重量等，虚拟与现实之间的界限也将进一步打破。

就目前的发展来看，脑机接口技术存在诸多发展难点。人们通过脑机接口用意识进行操作，凭借的是大脑发出的信号，只有精准识别、解析大脑信号，才能让脑机接口的设想成为现实。

目前，已经有一些公司在这方面做出了探索。脑机接口公司 Neuralink 研发了一款只有硬币大小的侵入式脑机接口设备，可在 30 分钟内植入大脑，实现神经信息的传输，把意念转化为数据信号。该设备在脑机接口领域是一次重大进展。

未来，随着脑机接口技术的发展和相关设备的应用，人们可以全方位地感受虚拟世界，并在其中自由活动。

发展趋势：元宇宙变革社会生活

在未来的发展中，元宇宙将逐渐从单一的实践走向海量应用的联合，实现功能完善的数字生存空间。在这一过程中，元宇宙对现实生活的影响也将不断加深，深刻变革人们的生活方式。

✦ 逐渐蔓延，向更多领域延伸

当前，除了在游戏、社交、教育等领域落地外，元宇宙也正在摆脱自己的游戏属性，逐渐渗入其他领域，在多领域深入发展。

1. 智慧城市

现在很多人的家中都有智能家居，这极大地提高了生活品质。如果城市治理也能够智能化，那么城市中居民的生活会更加便利，因此“智慧城市”这一概念应运而生。例如 2022 年 8 月在重庆市召开的中国国际智能产业博览会上，中国移动推出的“5G+智慧名城”“5G+智造重镇”等项目板块将5G、大数据、AI、云计算等元宇宙相关的技术应用到城市的治理中，从文旅、教育、交通等领域入手，全方位打造智慧城市。

2. 新零售

传统零售多以线下实体店为主，随着互联网的发展以及Z世代逐渐成为消费主力，传统零售的生产、销售、售后服务等环节弊端很多。新零售的出现改变了这一现状。元宇宙赋能新零售，从各个环节对零售流程进行升级，例如利用数字孪生技术建设虚拟车间、利用元宇宙进行营销、利用物联网实现物流信息实时反馈，以及推出虚拟商店、销售虚拟产品、出售NFT数字资产等。

3. 智能制造

对于制造业来说，元宇宙对其最显著的赋能体现在生产环节。为提升传统生产线上的效率，很多制造企业利用数字孪生等技术在元宇宙中重建自己的生产车间。例如宝马与英伟达达成合作，共同利用英伟达的Omniverse平台建设元宇宙虚拟工厂，将整套制造体系和工艺流程都迁移到元宇宙中。

除此之外，元宇宙在制造业的优势还体现在用户体验方面。2021年，现代汽车在Roblox平台推出了“现代移动出行大冒险”游戏，玩家可以在这款游戏中打造自己的虚拟形象，在冒险途中与其他玩家互动，并沉浸式体验现代汽车的质量与性能。

✦ 线上转型，现实社会走向虚拟化

未来，随着元宇宙的发展，虚拟场景和虚实结合的场景会更加普及，现实活动走向虚拟化将成为趋势。不只人们的游戏娱乐活动、社交活动会走向虚拟化，更多活动都会向着虚拟化的方向发展。

以企业活动为例，当下主流的依托于语音、视频等进行的远程会议，虽然可以实现异地相聚，却无法给予人们真实的沉浸感。如果将远程会议搬进元宇宙，则能够打破地域限制，更好地实现身处异地的员工间的工作协同。

再如，在教学活动中，教学场景的虚拟化也会大大提升教学体验和教学效率。

未来，随着元宇宙的发展，其落地的场景也会越来越多，办公活动、教学活动，甚至是生产活动、营销活动等都可以在元宇宙中完成。整个社会活动将逐步走向虚拟化。

此外，在现实社会中，更多的工作将由虚拟数字人完成，服务型的虚拟数字人将在未来更广泛地取代人工。其不仅能够在传媒、金融等领域为人们提供多样的服务，还会深入人们的

生活，成为人们的个人管家、工作助手甚至朋友。

在这方面，英国影视工作室 Fable Studio 公司已经做出了探索。聚焦人们的情感需求，Fable Studio 曾推出了一款陪伴式虚拟数字人露西（Lucy）。Lucy 是一个可爱的 8 岁小女孩，可以自由和人沟通，给人贴心的关怀。2021 年，Fable Studio 又推出了新的陪伴式虚拟数字人查理（Charlie）和贝克（Beck）。其具有强大的日常交互能力，能够像真人一样和人们对话，满足人们的沟通和陪伴需求。

总之，在未来，更多的现实活动将被逐渐搬进元宇宙中，而虚拟数字人、虚拟场景等也会更广泛地与现实相融，最终实现整个社会的数字化运转。

✦ 虚拟与现实相互映射，共同发展

要想促进现实世界与虚拟世界的共同发展，就要实现现实世界与虚拟世界的映射。元宇宙中的虚拟世界是现实世界的外延，人们在虚拟世界中开展的活动也会对现实世界产生影响。虚实交融的元宇宙能够与人们的现实生活更好结合，在给人们提供沉浸式体验的同时，也能够提高各项活动的运转效率。

例如食品零售公司乐购（Tesco）和德尔海兹（Delhaize）在比利时地铁站安装了显示屏，为候车的人们使用手机下单提供了便利，很多人利用候车的几分钟就可以轻松选购日用品，还可以选择寄送到家和自取的提货方式。而梅西百货公司则在试衣间安装了 AR 试衣镜，顾客无须排队进试衣间，只需要在镜子上选择衣服，就可以虚拟试穿，这显著提升了顾客试衣服的效率。

2022 年 6 月，一位 B 站 UP 主（视频创作者）打造的元宇宙“中文梗博物馆”在 VRChat 平台上线。这座博物馆共分为“梗起”“梗承”“梗兴”“梗繁”“玩家”“二次元”和“家”7 个展区。参观者佩戴 VR 眼镜即可身临其境地参观，很多参观者都感慨原来中文互联网已经发展了这么多年，产生了这么多有意思的梗。一座涵盖了中文互联网 20 多年发展历程的博物馆，参观者只需要花费半个小时左右的时间就可以逛完，还能够享受一对一的展品解说服务。

元宇宙不仅在制造业、城市治理等专业领域发挥作用，还走入千家万户，走进人们的日常生活中，为人们的生活提供便利。元宇宙能够为人类打造一个自由、幸福的乐园，满足人们对极致体验和高效率的需求。

✦ 元宇宙实现生活方式数字化发展

当前，随着互联网技术的发展，人们的生活越来越数字化，游戏、社交、消费等都可以在线上进行，形成了虚拟和现实两个世界，而元宇宙加深了虚拟世界与现实世界的联系。在这一趋势下，世界的数字化发展也从社会关系的数字化变为了人与世界关系的数字化。

具体而言，元宇宙将从以下几个方面实现人与世界关系的数字化。

1. 生活方式的数字化

随着元宇宙的发展，越来越多的线下活动将迁移到线上，复刻到虚拟世界中。人们的游戏、观影等娱乐活动，逛街、选购等消费活动，上课、实验等学习活动，会议、谈判等工作活动都可以在元宇宙中实现。生活方式将全面走向数字化。

2. 生产方式的数字化

在生产方面，元宇宙将提供更先进的生产工具和沉浸式的生产空间。凭借数字孪生技术，产品的设计、制作、测试等流程都可以在虚拟世界中呈现，更好地指导现实生产。此外，元宇宙将为人们提供简便易用的创作工具和自由的创作空间，存在于元宇宙中的创作者经济也将实现爆发。

3. 资产创造的数字化

在元宇宙中，数字建筑设计、数字艺术品创作等领域将涌现出更多 UGC 内容。同时，在创作者经济的赋能下，海量数字资产将被持续创造。在不断的创作中，元宇宙会形成宏大的数字经济规模。

总之，在元宇宙发展的过程中，人与世界的关系将从各方面走向数字化。甚至在未来成熟的元宇宙中，人们可以把更多关系迁移到元宇宙中，实现数字化生存。

参考文献

[1] 国信证券经济研究所 . 元宇宙：网络空间新纪元——传媒互联网深度研究报告 [R/OL].（2020-06-08）[2022-03-16].https://www.docin.com/p-2789521911.html.

[2] 头豹 . 元宇宙系列报告——元宇宙产业链及核心厂商发展路径分析 [R/OL].（2020-09）[2022-03-25].https://www.sohu.com/a/530847273_121238562.

[3] 中信证券 . 元宇宙：人类的数字化生存，进入雏形探索期 [R/OL].（2021-09-12）[2022-03-29].https://baijiahao.baidu.com/s?id=1710753321744901844&wfr=spider&for=pc.

[4] 中信证券 .“从游戏到元宇宙”系列报告 1[R/OL].（2021-08-19）[2022-03-31].https://max.book118.com/html/2021/1203/5312341333004130.shtm.

[5] 赵国栋，易欢欢，徐远重 . 元宇宙 [M]. 北京：中译出版社，2021.

[6] 于佳宁，何超 . 元宇宙：开启未来世界的六大趋势 [M]. 北京：中信出版社，2021.